Fuaimeanna na Gaeilge

An dara heagrán 2014

Fuaimeanna na Gaeilge

an dara heagrán

cúrsa tosaigh

Foghraíochta agus Fóineolaíochta

agus cur síos ar na consain agus ar na gutaí i

dTrí Chanúint Ghaeilge

Brian Ó Raghallaigh

Cois Life Teoranta
Baile Átha Cliath
2014

Tá Cois Life buíoch de Chlár na Leabhar Gaeilge (Foras na Gaeilge) agus den Chomhairle Ealaíon as a gcúnamh.

Is le cabhair deontais i gcomhair tograí Gaeilge a d'íoc An tÚdarás um Ard-Oideachas trí Choláiste na hOllscoile, Corcaigh, a foilsíodh an chéad eagrán den leabhar seo.

An chéad eagrán 2013
An dara heagrán 2014 © Brian Ó Raghallaigh
ISBN 978-1-907494-54-3
www.fuaimeanna.ie
Clúdach agus dearadh: Alan Keogh
Clóchur LaTeX: Brian Ó Raghallaigh
Clófhoirne IPA: TIPA Rei Fukui.
Clódóirí: Nicholson & Bass Ltd.
www.coislife.ie

Buíochas

Is mian liom buíochas ó chroí a ghabháil le gach duine a chuidigh leis an tionscadal seo. Orthusan tá: Caoilfhionn Nic Pháidín, Peadar Ó Flatharta, Donla uí Bhraonáin, Ríonach uí Ógáin, Ailbhe Ní Chasaide, Irena Yanushevskaya, Pauline Welby, Malachy McKenna, Máire Ní Chiosáin, Dónall Ó Braonáin, Harald Berthelsen, Michal Boleslav Měchura, Alan Keogh, Denise Redmond, mo mhuintir, agus m'iníon Sadhbh. Ba mhaith liom freisin, mo bhuíochas a ghabháil leis na cainteoirí, Áine Ní Bhreisleáin, Dara Ó Cinnéide, agus Maolra Mac Donnchadha. Is le cabhair deontais ó Choiste Léann na Gaeilge, Acadamh Ríoga na hÉireann, a cuireadh an tionscadal seo i gcrích.

Brian Ó Raghallaigh
Lúnasa 2014

Clár Ábhair

Clár Ábhair	i
Léaráidí	iv
Táblaí	v
1 Réamhrá	1
1.1 Réamhrá	1
1.2 Canúintí na Gaeilge	2
1.3 Litriú agus fuaimeanna na Gaeilge	2
1.4 Nodaireacht	3
1.5 Foinsí eolais agus taifeadtaí fuaime	3
1.6 Cleachtaí	4
1.7 Struchtúr an leabhair	4
2 Foghraíocht urlabhraíochta	7
2.1 Réamhrá	7
2.2 Orgáin an ghutha agus glór	7
2.3 Áiteanna urlabhraíochta	10
2.4 Cineálacha urlabhraíochta agus consain shrónacha	11

2.5	Urlabhraíocht thánaisteach	13
2.6	Achoimre: Lipéadú consan	14
2.7	Gutaí	15
2.8	Achoimre: Lipéadú gutaí	17
2.9	Cleachtaí	18

3 Tras-scríobh foghraíochta — 23

3.1	Réamhrá	23
3.2	Tras-scríobh foghraíochta agus an IPA	23
3.3	Fóineolaíocht agus tras-scríobh fóinéimeach	28
3.4	Consain na Gaeilge	30
3.5	Gutaí na Gaeilge	31
3.6	Cleachtaí	33

4 Consain agus gutaí Ghaeilge Ghaoth Dobhair — 35

4.1	Réamhrá	35
4.2	Fogharthacar consanta na canúna	38
4.3	Fogharthacar gutach na canúna	46
4.4	Cleachtaí	51

5 Consain agus gutaí Ghaeilge na Ceathrún Rua — 53

5.1	Fogharthacar consanta na canúna	53
5.2	Fogharthacar gutach na canúna	61
5.3	Cleachtaí	66

6 Consain agus gutaí Ghaeilge Chorca Dhuibhne — 67

6.1	Fogharthacar consanta na canúna	67
6.2	Fogharthacar gutach na canúna	75

    6.3 Cleachtaí   80

7 Litriú na Gaeilge   **81**
    7.1 Réamhrá   81
    7.2 Graiféimí consanta   82
    7.3 Graiféimí gutacha   88
    7.4 Cleachtaí   93

Leabharliosta   **95**

Aguisín: Fuaimeanna na Gaeilge   **97**

Gluais   **161**

Léaráidí

2.1	Na baill urlabhraíochta	9
2.2	Urlabhraíocht thánaisteach agus cruth na teanga i gcás chonsain na Gaeilge	14
2.3	An raon teanga i gcás gutaí	16
3.1	An Aibítir Idirnáisiúnta Foghraíochta: Consain	25
3.2	An Aibítir Idirnáisiúnta Foghraíochta: Gutaí	26
3.3	An Aibítir Idirnáisiúnta Foghraíochta: Comharthaí idirdhealaitheacha	28
4.1	Fogharthacar consanta Ghaeilge Ghaoth Dobhair	38
4.2	Fogharthacar gutach Ghaeilge Ghaoth Dobhair	46
5.1	Fogharthacar consanta Ghaeilge na Ceathrún Rua	53
5.2	Fogharthacar gutach Ghaeilge na Ceathrún Rua	61
6.1	Fogharthacar consanta Ghaeilge Chorca Dhuibhne	67
6.2	Fogharthacar gutach Ghaeilge Chorca Dhuibhne	75

Táblaí

2.1	Na baill urlabhraíochta	9
4.1	Péirí íosdifríochta chonsain Ghaeilge Ghaoth Dobhair	39
4.2	Focail shamplacha a léiríonn contrárthachtaí gutacha Ghaeilge Ghaoth Dobhair	47
5.1	Péirí íosdifríochta chonsain Ghaeilge na Ceathrún Rua	54
5.2	Focail shamplacha a léiríonn contrárthachtaí gutacha Ghaeilge na Ceathrún Rua	62
6.1	Péirí íosdifríochta chonsain Ghaeilge Chorca Dhuibhne	68
6.2	Focail shamplacha a léiríonn contrárthachtaí gutacha Ghaeilge Chorca Dhuibhne	76
7.1–7.13	Graiféimí consanta	83
7.14–7.27	Graiféimí gutacha	89

1 Réamhrá

1.1 Réamhrá

Socraíodh eagrán nua den saothar seo a fhoilsiú chun aiseolas fónta ó léitheoirí a chur i bhfeidhm ar an téacs. Tapaíodh an deis na cleachtaí a fhorbairt freisin agus cuireadh tuilleadh iontrálacha leis an nGluais ag deireadh an leabhair.

Leabhar mar gheall ar fhuaimeanna na Gaeilge is ea é seo. Teanga í an Ghaeilge a labhraítear mar theanga dhúchais i gceantair áirithe in Éirinn. Tugtar *An Ghaeltacht* ar na ceantair seo. Tá an Ghaeilge spéisiúil ó thaobh cúrsaí fuaimeanna de. Ceann de na rudaí is spéisiúla ná an líon ard consan atá sa teanga i gcomparáid le teangacha eile. Déanfar cur síos ar an ngné seo, agus ar ghnéithe eile sna caibidlí atá le teacht.

Cúrsa tosaigh san fhoghraíocht, san fhóineolaíocht, agus i bhfuaimeanna na Gaeilge atá sa leabhar seo. Ó thaobh na foghraíochta de, réimse (teang)eolaíochta a chuimsíonn staidéar ar fhuaimeanna na hurlabhra, clúdaítear gnéithe den fhoghraíocht urlabhraíochta amháin, is é sin an chuid sin den fhoghraíocht a bhaineann le cruthú fuaimeanna urlabhra. Go príomha, léirítear an chaoi a ndéantar cur síos ar chonsain agus ar ghutaí ó thaobh na foghraíochta de, agus déantar é seo i gcomhthéacs chonsain agus ghutaí na Gaeilge. Ó thaobh na fóineolaíochta de, réimse teangeolaíochta a chuimsíonn staidéar ar chórais fuaimeanna teangacha, dírítear ar fhoréimse na fóinéimice, is é sin, an chuid sin den fhóineolaíocht a bhaineann leis an bhfóinéim, an t-aonad is lú i dteanga as a gcruthaítear contrárthachtaí brí idir focail na teanga. Go príomha, tugtar léargas ar an bhfóinéimic trí dhíriú ar an tras-scríobh foghraíochta (tras-scríobh ar fhuaimeanna urlabhra) agus ar an tras-scríobh fóinéimeach (tras-scríobh ar fhuaimeanna teangacha). Arís, is i gcomhthéacs na Gaeilge a chuirtear na teicnící tras-scríofa i láthair.

1.2 Canúintí na Gaeilge

Bailiúchán canúintí atá sa Ghaeilge, ar nós gach teanga eile. Is é sin, ag brath ar an gceantar nó ar an gcomhphobal ina bhfuil tú, cloisfidh tú cineál ar leith Gaeilge. Más ea, le cur síos a dhéanamh ar fhuaimeanna na Gaeilge, d'fhéadfaí cur síos a dhéanamh ar chanúint amháin, ar gach canúint, nó ar roinnt canúintí ionadaíocha. I gcomhthéacs na Gaeilge, ní leor cur síos a dhéanamh ar chanúint amháin i ngeall ar na difríochtaí suntasacha idir canúintí, gan trácht ar an deacracht a bheadh ann canúint amháin a roghnú nuair nach bhfuil cineál caighdeánach labhartha Gaeilge ann, as na canúintí beo. Bheadh sé iomarcach cur síos a dhéanamh ar gach mionchanúint, go háirithe i leabhar gearr mar seo, agus ní canúint bheo í *Lárchanúint* Uí Bhaoill (Ó Baoill, 1986). Más ea, le léargas a thabhairt ar theanga na Gaeilge, déantar cur síos anseo ar thrí chanúint ionadaíocha.

Roghnaíodh trí cinn mar gurb iondúil canúintí na Gaeilge a rangú de réir trí réigiún, Cúige Uladh, Cúige Chonnacht, agus Cúige Mumhan. Roghnaíodh canúint Ghaoth Dobhair (GD), Contae Dhún na nGall, mar léiriú ar Ghaeilge Uladh. Roghnaíodh canúint na Ceathrún Rua (CR), Contae na Gaillimhe, mar léiriú ar Ghaeilge Chonnacht. Agus roghnaíodh canúint Chorca Dhuibhne (CD), Contae Chiarraí, mar léiriú ar Ghaeilge na Mumhan. Roghnaíodh cainteoir oiriúnach amháin as gach canúint mar ionadaí na canúna sin, agus is ar Ghaeilge na gcainteoirí sin a bhunaítear an cur síos agus na tras-scríbhinní sa leabhar seo.

1.3 Litriú agus fuaimeanna na Gaeilge

Ós rud é gur fuaimeanna na Gaeilge is ábhar don leabhar seo, dírítear ar na fuaimeanna atá le cloisteáil sa teanga bheo agus ní ar na fuaimeanna arbh fhéidir iad a dhíorthú ón litriú. Cé gur léiriú ar an bhfuaimniú is ea an litriú, ní féidir brath air ó thaobh an fhuaimnithe de i ngeall ar na difríochtaí idir na canúintí, i measc roinnt rudaí eile. Ní dhéantar iarracht anseo ceangal a dhéanamh idir foirmeacha reatha focal agus foirmeacha stairiúla focal tríd an litriú, agus ní dhéantar na canúintí a cheangal tríd an litriú ach oiread. Tugtar léargas ar na fuaimeanna mar atá siad sna canúintí beo, agus tarraingítear aird ar chásanna nach dtagraíonn na fuaimeanna don litriú i dtéarmaí na rialacha caighdeánacha litriú-go-fuaimniú. Mar shampla, tá riail litriú-go-fuaimniú ann go dtagraíonn an tsraith litreacha ⟨éi⟩ don ghuta fada /eː/, mar shampla b_éil. Ach is don ghuta gearr /ɛ/ a thagraíonn sí i ndáiríre i siollaí gan bhéim i gcanúintí Uladh, san fhocal buid_éil, mar shampla. Tugtar na rialacha caighdeánacha litriú-go-fuaimniú i gCaibidil 7.

1.4 Nodaireacht

Míneofar cúrsaí nodaireachta de réir mar a mhíneofar coincheapa lena mbaineann nodaireacht ar leith. Is leor an méid seo a leanas a lua ag an bpointe seo más ea: Tugann lúibíní cearnógacha le fios gur tras-scríobh foghraíochta atá i gceist, is é sin tras-scríobh ar fhuaimeanna urlabhra, mar shampla [t̪ˠʰᵚiː], don fhocal tuí. Tugann tulslaiseanna le fios gur tras-scríobh fóinéimeach atá i gceist, is é sin tras-scríobh ar fhuaimeanna teanga, mar shampla /t̪ˠiː/. Tugann lúibíní uilleacha le fios gur tras-scríobh ortagrafach atá i gceist, is é sin tras-scríobh ag úsáid gnáthchóras litrithe teanga (i.e. córas litrithe na Gaeilge sa chás seo), mar shampla ⟨tuí⟩.

1.5 Foinsí eolais agus taifeadtaí fuaime

Tá an cur síos foghraíochta ar chanúintí na Gaeilge sa leabhar seo bunaithe ar thaifeadtaí fuaime a rinneadh go speisialta don saothar. Is féidir éisteacht leo sa bhunachar fuaimeanna ar an suíomh Gréasáin www.fuaimeanna.ie. Rinneadh iarracht samplaí de na fuaimeanna tábhachtacha as gach canúint a thaifeadadh á rá i gcomhthéacsanna tábhachtacha éagsúla. Rinneadh seo trí liosta focal a chuimsíonn gach fuaim thábhachtach i ngach comhthéacs tábhachtach a chur le chéile do gach canúint roimh ré, bunaithe ar an litríocht. Ansin rinneadh oll-liosta na liostaí a thaifeadadh i ngach canúint, agus aon bhearna sa bhunachar fuaimeanna nár líonadh mar thoradh ar an gcéad seisiún taifeadta a líonadh trí fhocail bhreise oiriúnacha a thaifeadadh i seisiún eile do gach canúint. I ngeall ar an gcur chuige seo, feicfear neart samplaí sa leabhar seo atá in úsáid i leabhair eile ar an ábhar. Fuarthas samplaí ar leith trí chuardaigh chasta a dhéanamh bunaithe ar an litriú i bhfoclóirí leictreonacha a bhí ar fáil. Roghnaíodh cainteoirí nádúrtha dúchais Gaeilge, ar craoltóirí iad, atá san aoisghrúpa lárnach 25-39 bliain.

Iarradh ar na cainteoirí na focail a rá mar a déarfaidís iad go nádúrtha, de réir a gcanúintí, ní de réir an litrithe. Den chuid is mó, deir na cainteoirí na focail ar bhealach nádúrtha canúnach. I gcásanna áirithe, áfach, leanann na cainteoirí an litriú caighdeánach nuair nach gá. Fiú sna cásanna seo, déantar na focail a thras-scríobh mar a deirtear iad sna taifeadtaí, mar gur cur síos ar fhuaimeanna na gcanúintí seachas focail na gcanúintí atá sa leabhar seo.

1.6 Cleachtaí

Tá ceachtanna ábhartha ar fáil i ndeireadh Chaibidlí 2–7. Tá na ceachtanna dírithe ar mhic léinn ollscoile atá ag déanamh staidéir ar an bhfoghraíocht agus ar an bhfóineolaíocht i gcomhthéacs na Gaeilge, nó ar mhic léinn ollscoile atá ag déanamh staidéir ar fhoghraíocht agus ar fhóineolaíocht chanúintí na Gaeilge.

1.7 Struchtúr an leabhair

Sa chaibidil tosaigh seo, tugtar forbhreathnú ar a bhfuil sa leabhar. I gCaibidil 2, pléitear leis an bhfoghraíocht urlabhraíochta. I gCaibidil 3, pléitear leis an bhfóinéimic agus le tras-scríobh na Gaeilge. I gCaibidil 4, tá cuntas ar fhuaimeanna Ghaeilge Ghaoth Dobhair. I gCaibidil 5, tá cuntas ar fhuaimeanna Ghaeilge na Ceathrún Rua. I gCaibidil 6, tá cuntas ar fhuaimeanna Ghaeilge Chorca Dhuibhne. Mínítear an leagan amach atá ar na cuntais i gCaibidlí 4, 5, agus 6 sa réamhrá a ghabhann le Caibidil 4. I gCaibidil 7, tugtar léargas ar an ngaol idir litriú na Gaeilge agus fuaimeanna na Gaeilge. Tugtar leabharliosta tar éis Chaibidil 7.

Tá Aguisín i ndeireadh an leabhair. Cuid lárnach den saothar is ea an tAguisín. San Aguisín, liostaítear fuaimeanna chanúintí na Gaeilge. Tiomnaítear leathanach amháin do gach fuaim. Ar gach leathanach, tugtar samplaí den fhuaim i gcomhthéacsanna éagsúla. Murar aimsíodh sampla i gcomhthéacs ar leith, fágadh ionadchoinneálaí don chomhthéacs sin. Déantar gach sampla a aistriú go Béarla, agus tugtar tras-scríbhinní fóinéimeacha agus foghraíochta. Tugtar na tras-scríbhinní fóinéimeacha sa nodaireacht idirnáisiúnta agus sa nodaireacht thraidisiúnta Cheiltíoch. Déantar gach sampla a láimhseáil i gcomhthéacs gach canúna, canúint ar chanúint. Ar an gcaoi seo, léirítear na fuaimeanna i gcomhthéacs na gcanúintí, ní i gcomhthéacs na teanga mar aonad comhtháite. Tugtar léargas ar fhóinéimí na gcanúintí ar an gcaoi seo, ach ní thráchtar ar fhóinéimí na Gaeilge ina hiomláine, ós rud é nach ionann na canúintí ó thaobh struchtúir fhóinéimigh de, agus ós rud é nach ann do chineál caighdeánach labhartha Gaeilge.

Ag barr gach leathanaigh, tugtar na siombailí a mholtar a úsáid chun an fhuaim a thras-scríobh go fóinéimeach. Ar dheis, tugtar an tsiombail thraidisiúnta Cheiltíoch. Siombail theibí í seo a thuigfí go forleathan i measc scoláirí na Gaeilge ach a d'fhéadfadh mearbhall a chur ar fhoghraithe idirnáisiúnta a mbeadh taithí acu ar an Aibítir Idirnáisiúnta Foghraíochta (IPA). Más ea, tugtar siombail fhóinéimeach eile ar chlé ag barr gach leathanaigh. Siombail í seo atá bunaithe ar an IPA agus a thugann léargas níos fearr ar an bhfuaimniú dá réir. Sna cásanna gur ghá siombailí éagsúla a úsáid do chanúintí ar leith i ngeall ar dhifríocht shuntasach a bheith san fhuaimniú ó chanúint go canúint, tugtar trí shiombail, ceann in aghaidh na canúna. Beidh an tAguisín úsáideach mar ábhar samplach don mhac léinn fochéime agus mar ábhar tagartha don taighdeoir.

Tugtar an Aibítir Idirnáisiúnta Foghraíochta iomlán sa chairt faoi iamh. Déantar na coincheapa teicniúla a thagann chun cinn sa leabhar a shainmhíniú i ndeireadh an leabhair sa Ghluais. Déantar téarmaí teicniúla a thagann chun cinn sa téacs a aibhsiú i ndath gorm, an chéad uair a luaitear iad. Tugtar téarmaí Béarla a fhreagraíonn do na coincheapa sa Ghluais freisin.

2 Foghraíocht urlabhraíochta

2.1 Réamhrá

Baineann an fhoghraíocht urlabhraíochta le cur síos a dhéanamh ar fhuaimeanna na hurlabhra agus ar an gcaoi a gcruthaítear iad. Déantar cur síos ar fhuaimeanna i dtéarmaí na ngnéithe is tábhachtaí atá le sonrú iontu, iad siúd atá criticiúil maidir le brí a chur in iúl. Déantar na gnéithe tábhachtacha seo a leagan amach sa chaibidil seo agus tugtar léargas ar an gcaoi a ndéanann foghraithe cur síos agus lipéadú orthu.

2.2 Orgáin an ghutha agus glór

Is iad na scamhóga, ag brú aeir amach, a sholáthraíonn cumhacht d'fhormhór fhuaimeanna na hurlabhra.

Go hiondúil le linn urlabhra, brúitear aer amach as na scamhóga, agus sruthlaíonn an t-aer úd aníos tríd an traicé (an píobán a nascann na scamhóga leis an bhfaraing) ar dtús; ansin tríd an laraing (an t-orgán sa scornach as a dtagann an glór agus a nascann an traicé leis an bhfaraing); uaidh sin amach tríd an bhfaraing (an pasáiste sa scornach ón laraing go dtí an béal); agus ar deireadh amach tríd an mbéal.

Sa laraing, sruthlaíonn an t-aer trí dhá mhatán ar a dtugtar téada an ghutha. Nuair nach bhfuil urlabhra i gceist, sruthlaíonn an t-aer amach tríd an mbearna idir na matáin seo, ar a dtugtar an glotas. Ach is féidir leis na matáin seo teacht le chéile agus constaic a chruthú don aer. Nuair a tharlaíonn sé seo, agus má bhrúitear aer amach tríd an gconstaic, tosaíonn na matáin ag crith, agus gintear fuaim ar a dtugtar glór.

Bíonn fuaimeanna urlabhra áirithe glórach, iad siúd a chruthaítear nuair a bhíonn téada an ghutha ar crith. Bíonn na cinn eile neamhghlórach, iad siúd a chruthaítear nuair a bhíonn téada an ghutha scartha ó chéile.

Is féidir an crith seo a mhothú le do mhéara má chuireann tú ar do mhuineál iad taobh le téada an ghutha, agus má mhalartaíonn tú idir fuaim neamhghlórach, mar shampla ⟨ch⟩, agus fuaim ghlórach, mar shampla ⟨gh⟩. Is féidir an glór a chloisteáil níos fearr má dhúnann tú do chluasa le do mhéara. Bíonn gutaí glórach i gcónaí.

Is féidir brí ráiteáin (blúirín urlabhra) a athrú tríd an nglór a chur ann nó as. Smaoinigh mar shampla ar an bpéire seo a leanas: *an-chaol*/*an-ghaol*.

Ós rud é gur féidir difríocht brí a chur in iúl tríd an nglór, gné chriticiúil is ea é is gá a chur san áireamh agus cur síos á dhéanamh ar fhuaimeanna urlabhra.

Tugtar conair an ghutha ar na pasáistí os cionn na larainge: an fharaing, conair an bhéil, agus conair na sróine.

Tugtar baill urlabhraíochta ar na codanna de chonair an ghutha a úsáidtear le fuaimeanna urlabhra a chruthú. Chun consan a chruthú, go hiondúil bogtar suas ball ó bhun an bhéil, mar shampla na fiacla íochtaracha nó cuid éigin den teanga, le teagmháil a dhéanamh le ball i mbarr an bhéil, mar shampla na fiacla uachtaracha nó an carball (an pháirt chrua in uachtar an bhéil). Is féidir do theanga a úsáid leis na baill urlabhraíochta i mbarr do bhéil a bhrath.

Tugtar ball urlabhraíochta éighníomhach ar bhall nach mbogann mórán. Tugtar ball urlabhraíochta gníomhach ar bhall a bhogann. Léirítear na baill urlabhraíochta i Léaráid 2.1. Ainmnítear na cinn éighníomhacha sa chéad cholún i dTábla 2.1, agus ainmnítear na cinn ghníomhacha sa dara colún. Déantar lipeádú ar fhuaimeanna consanta i dtéarmaí na mball urlabhraíochta éighníomhach atá i gceist (féach an lipéad foghraíochta a thugtar sa tríú colún). Mínítear seo sa chéad rannóg eile.

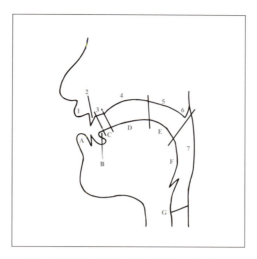

Léaráid 2.1: Na baill urlabhraíochta.

Éighníomhach	+ Gníomhach	→ Lipéad áite
1 An liopa uachtarach	+ A An liopa íochtarach	→ Déliopach
2 Na fiacla uachtaracha	+ A An liopa íochtarach	→ Liopadhéadach
2 Na fiacla uachtaracha	+ B Rinn na teanga	→ Déadach
3 An t-iomaire ailbheolach	+ C Lann na teanga	→ Ailbheolach
4 An carball	+ D Tosach na teanga	→ Carballach
5 An coguas	+ E Cúl na teanga	→ Coguasach
6 An t-úbhal	+ E Cúl na teanga	→ Úbhalach
7 An fharaing	+ F Fréamh na teanga	→ Faraingeach
N/A	G Téada an ghutha	→ Glotach

Tábla 2.1: Na baill urlabhraíochta.

2.3 Áiteanna urlabhraíochta

Cruthaítear consain nuair a chruthaítear constaic i gconair an ghutha. Cruthaítear na constaicí seo trí bhall urlabhraíochta gníomhach a bhogadh le teagmháil a dhéanamh le ball urlabhraíochta éighníomhach.

Is féidir idirdhealú a dhéanamh idir consain éagsúla bunaithe ar an áit i gconair an ghutha ina gcruthaítear an chonstaic. Is é sin, is féidir brí ráiteáin a athrú tríd an áit urlabhraíochta a athrú. Abair, mar shampla, na péirí focal seo a leanas: *fáil*/*sáil*, 'fun' (*craic*)/'sun' (*grian*).

Ós rud é go mbraitheann an bhrí atá á cur in iúl ar an áit urlabhraíochta a úsáidtear, gné chriticiúil is ea an áit urlabhraíochta is gá a chur san áireamh agus cur síos á dhéanamh ar chonsain.

Cur síos ar an mball urlabhraíochta éighníomhach is ea lipéad na háite urlabhraíochta. Ach tugann an ball éighníomhach le fios freisin cén ball gníomhach atá i gceist i bhfuaimniú an chonsain, go hiondúil. Déantar cur síos foghraíochta ar fhuaimeanna consanta na Gaeilge (agus ar fhuaimeanna consanta Bhéarla na hÉireann) i dtéarmaí na n-áiteanna urlabhraíochta seo a leanas:

Déliopach: Cruthaítear consan déliopach trí na liopaí a thabhairt le chéile. Níl ball urlabhraíochta éighníomhach i gceist sa chás seo. Abair, mar shampla, na focail seo a leanas: *poill*, *pí*, 'pea' (*pis*), *buí*, *bí*, 'bee' (*beach*), *móin*, *meoin*.

Liopadhéadach: Cruthaítear consan liopadhéadach tríd an liopa íochtarach agus na fiacla uachtaracha a thabhairt le chéile. Abair, mar shampla, na focail seo a leanas: *faoi*, *fí*, 'fee' (*táille*), *bhuí*, *bhí*, 'vee' (*V*).

Déadach: Cruthaítear consan déadach trí rinn na teanga a chur le cúl na bhfiacla uachtaracha. Abair, mar shampla, na focail seo a leanas: *cat*, 'thaw' (*coscairt*), *tá*, *gad*, 'though' (*áfach*), *dó*, *nocht*, *locht*.

Ailbheolach: Cruthaítear consan ailbheolach trí rinn na teanga nó lann na teanga a chur leis an iomaire ailbheolach. Abair, mar shampla, na focail seo a leanas: *tae*, 'Tay' (*abhainn in Albain*), 'day' (*lá*), *suí*.

Iar-ailbheolach: Cruthaítear consain iar-ailbheolacha sa chuid sin den bhéal idir an t-iomaire ailbheolach agus an carball. Áirítear consain charball-ailbheolacha agus consain ailbheol-charballacha i measc na n-iar-ailbheolach. Abair, mar shampla, na focail seo a leanas: *deas, leas, neas-, seas, teas, sí*.

Carballach: Cruthaítear consan carballach trí thosach na teanga a chur leis an gcarball. Abair, mar shampla, na focail seo a leanas: *giall, ciall, ghiall, chiall, falaing*.

Coguasach: Cruthaítear consan coguasach trí chúl na teanga a thabhairt i leith an choguais. Abair, mar shampla, na focail seo a leanas: *gad, cad, an-ghaol, an-chaol, falang*.

Glotach: Cruthaítear fuaim ghlotach ag an nglotas. Abair, mar shampla, na focail seo a leanas: *hata, shona*.

Úsáidtear na lipéid thuas le cur síos a dhéanamh ar an áit urlabhraíochta atá i gceist le consain. Beidh ceann de na lipéid i gceist i gcás cur síos foghraíochta ar chonsan más ea.

2.4 Cineálacha urlabhraíochta agus consain shrónacha

Mar atá pléite againn, is gnéithe criticiúla den urlabhra iad an glór agus an áit urlabhraíochta, i gcás na gconsan. Gné thábhachtach eile ó thaobh consan de is ea an cineál urlabhraíochta. Is éard atá i gceist leis an gcineál urlabhraíochta ná an cineál teagmhála nó gnímh a tharlaíonn ag an áit urlabhraíochta. Tá cineálacha éagsúla urlabhraíochta ann. Déanfar cur síos anseo ar na cinn a bhaineann leis an nGaeilge agus le Béarla na hÉireann.

Pléascach: Is éard atá i gceist le consan pléascach ná gotha (múnlú teanga) sa bhéal ina gcruthaítear bac iomlán sa bhéal mar a dtagann na baill urlabhraíochta le chéile. Cuireann an chonstaic seo bac ar an aer sa chaoi is go gcruinníonn breis fórsa taobh thiar den bhac. Pléascann an t-aer neartaithe seo amach tríd an mbéal nuair a bhaintear an bac. Is de bharr an phléasctha seo a thugtar *pléascach* ar an gcineál seo consain, ach tugtar *stop* air freisin in amanna. Cloistear pléascaigh i dtús na bhfocal seo a leanas: *bá, pá, dá, tá, gá, cá.*

Pléascach srónach (Srónach): Is minic a ghiorraítear an lipéad seo agus tugtar *srónach* ar chonsan leis an gcineál urlabhraíochta seo. Is éard atá i gceist leis ná go bhfuil bac iomlán cruthaithe sa bhéal mar a bhfuil na baill urlabhraíochta tagtha le chéile, ach de bharr an coguas a bheith íslithe (féach Léaráid 2.2), sruthlaíonn aer amach trí chonair na sróine. Cloistear pléascaigh shrónacha sna focail seo a leanas: *Máire, imeall, náire, inneall, i ngála, i ngeall ar.*

Cnagach/tríleach: Is féidir an fhuaim seo a thabhairt faoi deara sa Ghaeilge i gcás fuaim 'r', i bhfocail ar nós *rí* agus *Brian.* Is éard atá i gceist le cnagach ná cnag amháin den teanga in aghaidh an iomaire ailbheolaigh. I gcineálacha áirithe Gaeilge, cloistear fuaim thríleach (sraith cnag) seachas cnag aonarach.

Cuimilteach: I gcás consan cuimilteach, ní bhíonn bac iomlán ar an aer atá ag sruthlú amach. Mar a bhfuil an urlabhraíocht, bíonn an pasáiste cúngaithe an oiread sin go mbíonn an t-aer suaite agus ag siosarnach, in amanna, agus é á bhrú tríd an mbearna. Cloistear cuimiltigh sna focail seo a leanas: *faoi, fí, bhuí* (Gaeilge na Mumhan), *bhí, suí, sí, an-chaol, chiall, an-ghaol, ghiall* (cineálacha áirithe Gaeilge, cineálacha na Mumhan go príomha), *hata.*

Neasach: Uaireanta tugtar *leathghuta* ar an gcineál seo urlabhraíochta ós rud é go bhfuil an bhearna idir an ball urlabhraíochta éighníomhach agus an ball urlabhraíochta gníomhach chomh mór sin gur cosúla le gutaí ná consain fuaimeanna den chineál seo. Cloistear neasaigh sna focail seo a leanas: *bhán* (cineálacha Gaeilge lasmuigh de Chúige Mumhan), 'weather' (*aimsir*), 'whether' (*cé acu*), *ghiall* (cineálacha áirithe Gaeilge, cineálacha Uladh go príomha), 'yet' (*go fóill*), agus 'run' (*rith*).

Neasach taobhach (Taobhach): Giorraítear an lipéad seo go minic agus tugtar *taobhach* ar chonsan den chineál seo urlabhraíochta. Is éard atá i gceist leis ná go bhfuil bac iomlán cruthaithe sa bhéal mar a bhfuil na baill urlabhraíochta tagtha le chéile, ach de bharr taobh amháin nó dhá thaobh na teanga a bheith scaoilte, sruthlaíonn aer amach as an mbéal gan fiú suaiteacht a bheith i gceist. Is i ngeall air seo a áirítear ina neasaigh fuaimeanna den chineál seo, cé go dtugtar taobhaigh orthu go hiondúil mar ghiorrúchán. Cloistear an cineál urlabhraíochta seo sna focail seo a leanas: *luí* agus *ligh*.

Más ea, le cur síos foghraíochta a dhéanamh ar chonsan, luaitear an áit urlabhraíochta, an cineál urlabhraíochta, agus pé acu an bhfuil sé glórach nó neamhghlórach.

2.5 Urlabhraíocht thánaisteach

I dteangacha áirithe, bíonn urlabhraíocht thánaisteach i gceist i gcás consan áirithe. An rud atá i gceist leis seo ná go mbíonn cruth ar leith ar na liopaí nó ar an teanga sa bhreis ar an urlabhraíocht phríomhúil.

Bíonn urlabhraíocht thánaisteach i gceist i gcás consain na Gaeilge go hiondúil. An dá urlabhraíocht thánaisteacha is coitianta ná an *carballú* agus an *coguasú*. Tugtar *carballú* ar cheann acu mar go nglacann an teanga an cruth a bhíonn uirthi don ghuta san fhocal *dí*, nó don chéad chonsan sna focail *ghiall* agus 'yesterday' (*inné*). Is é sin, bíonn corp na teanga cnuasaithe i dtreo an charbaill, sa bhreis ar an urlabhraíocht phríomhúil. Tugtar *coguasú* ar an gceann eile mar go nglacann an teanga an cruth a bhíonn uirthi don ghuta san fhocal *cur* nó *cúr*, nó don chéad chonsan san fhocal *ghaolta*. Is é sin, bíonn corp na teanga cnuasaithe i dtreo an choguais. Is iondúil consan Gaeilge a bheith carballaithe nó coguasaithe. Léirítear fuaimniú *srónach déliopach glórach carballaithe* agus *coguasaithe* forshuite ar a chéile i Léaráid 2.2.

Le cur síos níos iomláine foghraíochta a dhéanamh ar chonsain i dteanga ar nós na Gaeilge más ea, is gá an urlabhraíocht thánaisteach a lua más ann di.

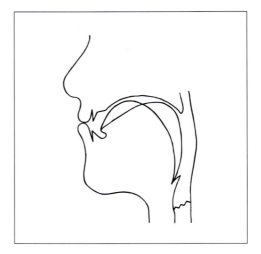

Léaráid 2.2: Urlabhraíocht thánaisteach agus cruth na teanga i gcás chonsain na Gaeilge.

2.6 Achoimre: Lipéadú consan

Tá sé léirithe againn gur gnéithe criticiúla iad an glór, an áit urlabhraíochta, agus an cineál urlabhraíochta i réalú (cruthú) consan. Is é sin, má thagann athrú ar urlabhraíocht chonsanta i dtéarmaí ceann de na gnéithe seo, fuaim chonsanta dhifriúil a bheidh mar thoradh ar an athrú. I gcás na Gaeilge, bíonn an urlabhraíocht thánaisteach criticiúil chomh maith, i réalú na gconsan.

Déantar cur síos foghraíochta ar chonsain, más ea, i dtéarmaí na ngnéithe seo, agus tugtar lipéad foghraíochta ar an gcur síos a dhéantar. Seo a leanas, mar shampla, an lipéad foghraíochta a bheadh ar an gconsan i dtús an fhocail Bhéarla 'sea' (farraige): *consan cuimilteach ailbheolach neamhghlórach*. Seo a leanas, mar shampla, an lipéad foghraíochta a bheadh ar an gconsan i dtús an fhocail Ghaeilge *suí*: *consan cuimilteach ailbheolach neamhghlórach coguasaithe*. Tugtar lipéid foghraíochta iomlána ar na fuaimeanna consanta a thagann chun cinn i gcanúintí na Gaeilge i gCaibidlí 4, 5, agus 6.

2.7 Gutaí

Mar atá feicthe againn, déantar cur síos ar chonsain i dtéarmaí na mball urlabhraíochta a thagann i dteagmháil le chéile nó cóngarach dá chéile le hurlabhraíocht a chruthú. I gcás gutaí, is é cruth na teanga a thugann cáilíocht ar leith do ghuta. Déantar cur síos ar ghutaí de ghnáth i dtéarmaí shuíomh phointe is airde na teanga (tosach na teanga de ghnáth; Féach Léaráid 2.3) le linn fuaimnithe guta. Is féidir le pointe is airde na teanga a bheith *ard* nó *íseal* sa bhéal (nó ag pointe éigin idir eatarthu), agus *tulsáite* nó *aistarraingthe* sa bhéal (nó ag pointe éigin idir eatarthu). Sa bhreis air seo, bíonn tionchar ag cruth na liopaí ar cháilíocht an ghuta freisin. Is féidir leis na liopaí a bheith *cruinn* nó *scartha*.

Sna gutaí sna focail *dí, di, Dé, deis, deas*, tá an teanga tulsáite sa bhéal. Tugtar *gutaí tosaigh* ar na gutaí seo más ea. Má deir tú na focail seo in ord, tabharfaidh tú faoi deara go bhfuil do bhéal ag oscailt de réir a chéile ó cheann go ceann, is é sin, go bhfuil do theanga ag ísliú i do bhéal. Déantar rangú ar an nguta san fhocal *dí*, agus focail atá cosúil leis ó thaobh ríme de, mar ghuta *ard* (nó *dúnta*) *tosaigh*. Is é sin, tá an teanga ard (i.e. tá conair an bhéil nach mór dúnta) agus tulsáite sa bhéal nuair a fhuaimnítear an guta san fhocal seo. Déantar rangú ar an nguta san fhocal *deas* mar ghuta *íseal* (nó *oscailte*) *tosaigh* ar an gcaoi chéanna mar go bhfuil an teanga tulsáite ach íseal (i.e. tá conair an bhéil ar oscailt) le linn fuaimnithe. Rangaítear na gutaí idir eatarthu mar ghutaí *leathdhúnta tosaigh* (e.g. *Dé*) nó *leathoscailte tosaigh* (e.g. *deis*).

Sna gutaí sna focail *carr* (cineálacha Gaeilge lasmuigh de Chúige Uladh), *cór, cor, cur, cúr*, tá an teanga aistarraingthe sa bhéal. Tugtar *gutaí cúil* ar na gutaí seo más ea. Má deir tú na focail seo in ord, tabharfaidh tú faoi deara go bhfuil do theanga ag ardú i gcúl do bhéil de réir a chéile. Más ea, rangaítear an guta san fhocal *carr*, mar ghuta *íseal* (nó *oscailte*) *cúil*. Déantar rangú ar an nguta san fhocal *cúr* mar ghuta *ard* (nó *dúnta*) *cúil*. Rangaítear na gutaí idir eatarthu mar ghutaí *leathoscailte cúil* (e.g. *cór*) nó *leathdhúnta cúil* (e.g. *cur*). Tabharfar faoi deara go mbíonn cruth *scartha* ar na liopaí i gcás na ngutaí tosaigh sa Ghaeilge, agus go mbíonn na liopaí *cruinn* i gcás fhormhór na ngutaí cúil.

Más ea, le cur síos foghraíochta a dhéanamh ar ghuta, is gá airde na teanga, aistarraingt na teanga, agus cruth na liopaí a lua.

Léirítear an raon teanga a bhíonn i gceist i gcás gutaí leis an gceathairshleasán i Léaráid 2.3. Léirítear pointe is airde na teanga ag A, chomh tulsáite agus chomh hardaithe sa bhéal is a bhíonn sé (pointe is airde na teanga). Léirítear pointe is airde na teanga ag B, chomh haistarraingthe is chomh híslithe sa bhéal is a bhíonn sé (pointe is airde na teanga).

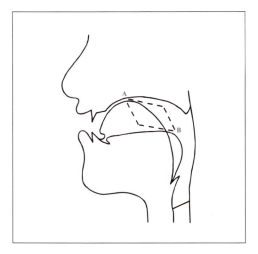

Léaráid 2.3: An raon teanga i gcás gutaí.

Fad gutaí

Uaireanta is gá idirdhealú a dhéanamh idir gutaí, bunaithe ar fhad an ghuta. Tarlaíonn sé seo i gcás na Gaeilge. Abair, mar shampla, na focail *gás*, agus *gas*. Cé go bhfuil an cháilíocht chéanna ag na gutaí sna focail seo (gutaí oscailte tosaigh nó cúil is ea iad), tá an chéad cheann níos faide ná an dara ceann, agus tá difríocht brí i gceist dá réir.

Défhoghair

Tá cineál ar leith guta ann ar a dtugtar défhoghar. Is éard atá i ndéfhoghar ná fuaim ghutach ina mbogann an teanga le linn urlabhraíochta. An toradh a bhíonn air seo ná go n-athraíonn cáilíocht an ghuta lena linn. Is féidir smaoineamh ar dhéfhoghar mar dhá ghuta atá nasctha le chéile le sleamhnóg (sleamhnú ó ghotha amháin teanga go gotha eile teanga). Cloistear défhoghar sna focail seo a leanas: 'bye' (*slán*), 'boy' (*buachaill*), 'bough' (*craobh*), *fia*, *fuath*, *fadhb* (cineálacha Gaeilge lasmuigh de Chúige Uladh), *fabht*.

Gutaí i siollaí gan bhéim

Is minic a laghdaítear guta gearr i siolla gan bhéim i bhfocail Ghaeilge, e.g. *im<u>ea</u>ll*, *inn<u>ea</u>ll*. Guta láir neodrach, ina mbíonn pointe is airde na teanga i lár an bhéil, nó guta éigin cóngarach dó, a bhíonn mar thoradh ar an bpróiseas foghraíochta seo go hiondúil.

2.8 Achoimre: Lipéadú gutaí

Tá sé léirithe againn gur gnéithe criticiúla iad aistarraingt na teanga, airde na teanga, agus cruth na liopaí i réalú gutaí. Is é sin, má thagann athrú ar urlabhraíocht ghutach i dtéarmaí ceann de na gnéithe seo, fuaim ghutach dhifriúil a bheidh mar thoradh ar an athrú. I gcás na Gaeilge, bíonn fad an ghuta criticiúil chomh maith, i réalú na ngutaí.

Déantar cur síos foghraíochta ar ghutaí, más ea, i dtéarmaí na ngnéithe seo, agus tugtar lipéadú foghraíochta ar an gcur síos a dhéantar. Seo a leanas, mar shampla, an lipéad foghraíochta a bheadh ar an nguta i ndeireadh an fhocail Bhéarla 'sea' (farraige): *guta tosaigh dúnta scartha*. Seo a leanas, mar shampla, an lipéad foghraíochta a bheadh ar an nguta i ndeireadh an fhocail Ghaeilge *suí*: *guta tosaigh dúnta scartha fada*. Chun cur síos a dhéanamh ar dhéfhoghar, is gá lipéad foghraíochta a thabhairt don dá ghuta sa défhoghar. Tugtar lipéid foghraíochta iomlána ar na fuaimeanna gutacha a thagann chun cinn i gcanúintí na Gaeilge i gCaibidlí 4, 5, agus 6.

2.9 Cleachtaí

A. Is féidir éisteacht le gach focal sna cleachtaí seo a leanas sa chatalóg fuaimeanna ar líne ag www.fuaimeanna.ie. Cloígh le canúint amháin agus déan aithris ar urlabhraíocht na bhfocal. Ní gá go n-aimseofá an cineál fuaime atá uait i ngach focal i ngach cleachtadh.

1. Aimsigh na consain **ghlóracha** sna focail seo a leanas:
   i bhfianaise, caighdeán, foghraíocht, ghaolta, falang.

2. Aimsigh na consain **neamhghlóracha** sna focail seo a leanas:
   teampall, buíochas, fliuch, cúramach, hata.

3. Aimsigh na consain **dhéliopacha** sna focail seo a leanas:
   amárach, capall, bíobla, blíp, simplí.

4. Aimsigh na consain **liopadhéadacha** sna focail seo a leanas:
   fadhb, cabhlach, folamh, i bhfianaise, i ngéibheann.

5. Aimsigh na consain **dhéadacha** sna focail seo a leanas:
   cultúr, Domhnach, ag déanamh, craolfaidh, cladach.

6. Aimsigh na consain **ailbheolacha** sna focail seo a leanas:
   solas, baile, baint, insíothlú, Bascais.

7. Aimsigh na consain **ailbheol-charballacha** sna focail seo a leanas:
   cuimse, coinnigh, scríobtha, bris, chreideadh.

8. Aimsigh na consain **charballacha** sna focail seo a leanas:
   craiceann, loinge, giobal, crích, ghreadfadh.

9. Aimsigh na consain **choguasacha** sna focail seo a leanas:
   iomarca, ródhóchasach, cúramach, longa, cogadh.

10. Aimsigh na consain **ghlotacha** sna focail seo a leanas:
    cath, hata, le haol, mo sheal, díothú.

11. Aimsigh na consain **phléascacha** sna focail seo a leanas:
    gobfaidh, captaen, muintir, giobal, buidéal.

12. Aimsigh na consain **shrónacha** sna focail seo a leanas:
    longa, fuaimeanna, léimfidh, coimhlint, meoin.

13. Aimsigh na consain **chnagacha** sna focail seo a leanas:
    bronn, carraig, ceardaí, mórshráid, craoibhín.

14. Aimsigh na consain **chuimilteacha** sna focail seo a leanas:
    chaithfeadh, leigheas, foscadh, seirbhís, ghalaigh.

15. Aimsigh na consain **neasacha** sna focail seo a leanas:
    sábháil, mholfadh, Sadhbh, raon, dhíol.

16. Aimsigh na consain **thaobhacha** sna focail seo a leanas:
    coinníoll, fuil, trioblóid, leabhar, fillfidh.

17. Aimsigh na consain **charballaithe** sna focail seo a leanas:
    díolfaidh, cuimse, meáin, an iascaireacht, ceol.

18. Aimsigh na consain **choguasaithe** sna focail seo a leanas:
    croí, caol, Gaeilge, buíon, craolfaidh.

19. Aimsigh na gutaí **tosaigh** sna focail seo a leanas:
    an t-ísliú, buíochas, buidéal, fuinneog, bearna.

20. Aimsigh na gutaí **cúil** sna focail seo a leanas:
    áisiúil, próifíl, trioblóid, aontú, leabhar.

21. Aimsigh na gutaí **dúnta** sna focail seo a leanas:
    craoibhín, aontú, maoiniú, ciumhais, caora.

22. Aimsigh na gutaí **leathdhúnta** sna focail seo a leanas:
    aonraic, cóisir, abhus, cultúr, craolfaidh.

23. Aimsigh na gutaí **leathoscailte** sna focail seo a leanas:
    feicthe, seinnfidh, drochshléacht, longa, mothú.

24. Aimsigh na gutaí **oscailte** sna focail seo a leanas:
    craiceann, amárach, caighdeán, airgead, mórshráid.

25. Aimsigh na gutaí **láir** sna focail seo a leanas:
    a Shéamais, craiceann, eaglais, fuaimeanna, anam.

26. Aimsigh na **défhoghair** sna focail seo a leanas:
    samhradh, iascaireacht, tuarfaidh, leabhar, radharc.

27. Tabhair lipéad foghraíochta iomlán don **chonsan** folínithe sna focail seo a leanas. Mar shampla, *bh__ris__* = cnagach ailbheol-charballach glórach carballaithe:
    ai__r__gead, báis__tí__, __mh__aoigh, coi__nn__igh, __l__uí.

28. Tabhair lipéad foghraíochta iomlán don **ghuta** folínithe sna focail seo a leanas. Mar shampla, *c__ói__sir* = guta cúil leathdhúnta cruinn fada:
    c__iu__mhais, buid__éa__l, a__i__rgid, b__o__cht, c__á__is.

29. Tabhair lipéad foghraíochta iomlán don **défhoghar** folínithe sna focail seo a leanas. Mar shampla, *f__oghr__aíocht* = défhoghar ó ghuta tosaigh oscailte scartha gearr go guta cúil dúnta cruinn gearr:
    c__aigh__deán, f__abh__t, f__adh__b, Br__ia__n, c__ua__n.

30. Tabhair lipéad foghraíochta iomlán don **fhuaim** fholínithe sna focail seo a leanas:
    bo__ch__t, __D__omhnach, c__i__all, bu__í__on, tao__m__.

B. Líon isteach an tábla seo a leanas, trí lipeád foghraíochta iomlán a thabhairt don chonsan folínithe sa chéad cholún:

	An cineál urlabhraíochta	An áit urlabhraíochta	Glór	Urlabhraíocht thánaisteach
sea<u>s</u>	*cuimilteach*	*ailbheolach*	*neamhghlórach*	*coguasaithe*
<u>p</u>óca				
<u>d</u>eo				
co<u>g</u>adh				
<u>dh</u>ún				
oí<u>ch</u>e				
coi<u>m</u>				
i<u>nn</u>iu				
lo<u>ng</u>a				
foi<u>r</u>b				
sao<u>l</u>				

C. Líon isteach an tábla seo a leanas, trí lipeád foghraíochta iomlán a thabhairt don ghuta folínithe sa chéad cholún:

	Aistarraingt	Airde	Cruth na liopaí	Fad
<u>í</u>oc	*tosaigh*	*dúnta*	*scartha*	*fada*
ab<u>hu</u>s				
<u>é</u>ad				
<u>ai</u>ci				
b<u>ea</u>n				
an<u>a</u>m				
b<u>o</u>cht				
t<u>ó</u>g				
r<u>ú</u>n				
b<u>r</u>is				
c<u>á</u>in				

3 Tras-scríobh foghraíochta

3.1 Réamhrá

Sa chaibidil seo, déanfar cur síos ar thras-scríobh foghraíochta, agus ar na teicnící tras-scríofa a mbaintear úsáid astu le plé le fuaimeanna na Gaeilge. Uirlis is ea an tras-scríobh foghraíochta a úsáideann foghraithe le léiriú ar fhuaimeanna teangacha a bhreacadh síos ar bhealach gonta áisiúil caighdeánaithe.

Cé go bhfuil uirlisí tras-scríofa ar fáil don fhoghraí le mionchur síos a dhéanamh ar fhuaim ar bith a chloistear á rá, de ghnáth ní thugtar suntas sa tras-scríobh ach do na gnéithe tábhachtacha a chloistear á rá. Déanfar plé ar an idirdhealú seo, agus chuige sin, déanfar an fhóineolaíocht a chur i láthair. San fhóineolaíocht, déantar staidéar ar an gcóras struchtúrtha fuaimeanna atá i dteanga, agus ar na rialacha a bhaineann leis an idirghníomhaíocht idir na fuaimeanna sin. Go hiondúil, mar chuid d'anailís fóineolaíochta ar theanga, déantar an tacar fuaimeanna leithleacha a oibriú amach, agus bíonn tionchar ag an anailís seo ar thras-scríobh foghraíochta na teanga sin.

3.2 Tras-scríobh foghraíochta agus an IPA

Sa bhliain 1886, bhunaigh grúpa saineolaithe i réimse na foghraíochta 'The International Phonetic Association' (IPA). Rinne an IPA tacar siombailí foghraíochta a fhaomhadh. Is éard atá sna siombailí seo ná lipéid chaighdeánacha a sheasann d'fhuaimeanna urlabhra ar leith. Mar shampla, seasann an lipéad [d] do *chonsan pléascach ailbheolach glórach* agus seasann [ð] do *chonsan cuimilteach déadach glórach*. Tabhair faoi deara go gcuirtear tras-scríobh foghraíochta idir lúibíní cearnógacha le tabhairt le fios gurb é sin atá i gceist agus nach é an tras-scríobh ortagrafach le gnáthlitriú agus gnáthaibítir.

Sa Ghaeilge, tugtar an Aibítir Idirnáisiúnta Foghraíochta (IPA – úsáidtear an t-acrainm céanna don Aibítir agus don Chumann) ar an tacar siombailí. Cuimsíonn an aibítir seo siombailí a sheasann d'fhuaimeanna consanta, siombailí a sheasann d'fhuaimeanna gutacha, agus tacar comharthaí idirdhealaitheacha a úsáidtear le mioneolas breise faoi fhuaimniú consain nó guta a chur in iúl. Tá Cumann an IPA ann i gcónaí, agus is iondúil go bhfaomhann siad mionathruithe ar Aibítir an IPA ó am go chéile. Tá an aibítir iomlán le feiceáil ar an gcairt ionsáite faoi iamh. Tugtar tacar siombailí consanta Aibítir an IPA i Léaráid 3.1. Feictear an áit urlabhraíochta ag athrú de réir mar a bhogtar ó chlé go deas. Samhlaítear tosach an bhéil ar chlé. Taispeántar na cineálacha éagsúla urlabhraíochta ar shraitheanna éagsúla ar an tábla. I ngach cillín den tábla, taispeántar fuaimeanna neamhghlóracha ar chlé (e.g. [p], [t]) agus fuaimeanna glóracha ar dheis (e.g. [b], [d]).

	Déliopach	Liopa-dhéadach	Déadach	Ailbh-eolach	Iar-ail-bheolach	Aisfhill-teach	Car-ballach	Cog-uasach	Úbh-alach	Faraing-each	Glotach
Pléascach	p b			t d		ʈ ɖ	c ɟ	k g	q ɢ		ʔ
Srónach	m	ɱ		n		ɳ	ɲ	ŋ	ɴ		
Trífleach	ʙ			r							
Cnagach				ɾ		ɽ					
Cuimilteach	ɸ β	f v	θ ð	s z	ʃ ʒ	ʂ ʐ	ç ʝ	x ɣ	χ ʁ	ħ ʕ	h ɦ
Cuimilteach taobhach				ɬ ɮ							
Neasach		ʋ		ɹ		ɻ	j	ɰ			
Neasach taobhach				l		ɭ	ʎ	ʟ			

Léaráid 3.1: An Aibítir Idirnáisiúnta Foghraíochta: Consain.

Mar a pléadh i gCaibidil 2, déanann foghraithe cur síos ar chonsain i dtéarmaí áit urlabhraíochta, cineál urlabhraíochta, agus glór, go hiondúil. Mar shampla, an cur síos nó *an lipéad foghraíochta* a bheadh ar an gconsan i dtús an fhocail 'door' (*doras*) ná *consan pléascach ailbheolach glórach*. Is éard atá sa tsiombail [d], in Aibítir an IPA, ná siombail a chiallaíonn *consan pléascach ailbheolach glórach*. Is féidir Aibítir an IPA a úsáid más ea le cur síos foghraíochta mionsonraithe a dhéanamh ar bhealach atá gonta agus áisiúil.

Leagtar amach tacar siombailí gutacha Aibítir an IPA i Léaráid 3.2. Tugtar *ceathairshleasán na mbunghutaí* ar an léaráid seo. Scéimléaráid de lárlimistéar an bhéil is ea an ceathairshleasán. Cuir an ceathairshleasán i gcomparáid le Léaráid 2.3 le léargas a fháil ar an réalú fisiciúil. Léirítear airde na teanga ar an diminsean ceartingearach agus léirítear ar an diminsean cothrománach suíomh na teanga (tulsá/aistarraingt) i dtreo thosach an bhéil (ar chlé) nó i dtreo chúl an bhéil (ar dheis). Pointí tagartha is ea na bunghutaí a úsáidtear le tras-scríobh a dhéanamh ar ghutaí teangacha. Tugann an tsiombail le fios pé acu cruinn nó scartha a bhíonn na liopaí le linn fuaimniú an ghuta. I gcás gach péire, taispeántar gutaí scartha ar chlé (e.g. [i], [ɯ]) agus gutaí cruinne ar dheis (m.sh. [y], [u]).

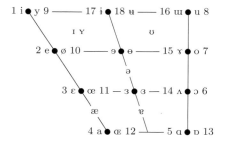

Léaráid 3.2: An Aibítir Idirnáisiúnta Foghraíochta: Gutaí.

Den chuid is mó tá Aibítir an IPA bunaithe ar litreacha san aibítir Rómhánach. Go minic bíonn na siombailí iomasach dóibh siúd a úsáideann teanga éigin lena n-úsáidtear an aibítir Rómhánach. Is é sin, is ionann go minic an tsiombail agus litir éigin in aibítrí ortagrafacha, agus seasann an tsiombail foghraíochta don fhuaim a seasann an tsiombail chéanna sna haibítrí ortagrafacha dóibh a bheag nó a mhór. Mar shampla, mar atá feicthe cheana againn, is ionann an tsiombail ortagrafach i dtús an fhocail 'door' (*doras*) agus an tsiombail foghraíochta de chuid an IPA a d'úsáidfí chun tras-scríobh a dhéanamh ar an bhfuaim i dtús an fhocail sin. Ar an taobh eile den scéal, tá siombailí san aibítir nach luífidh le daoine áirithe a bhfuil léamh agus scríobh acu. Smaoinigh mar shampla ar an tsraith litreacha ⟨ch⟩ sa Ghaeilge scríofa i dtús focail ar nós *chuaigh*. Seasann na litreacha seo do *chonsan cuimilteach coguasach neamhghlórach*. Is é [x] an tsiombail foghraíochta ag an IPA a sheasann don fhuaim seo. Ní bheadh sé seo follasach dóibh siúd a bhfuil léamh agus scríobh na Gaeilge acu ach nach bhfuil cur amach acu ar Aibítir an IPA.

Is féidir cur síos níos mionsonraithe fós a dhéanamh ar fhuaimeanna ar leith ag úsáid comharthaí idirdhealaitheacha Aibítir an IPA. Mar shampla, dá mba rud é go raibh duine ag iarraidh a léiriú go gcloiseann sé fuaim ar nós fuaim 'w' mar chuid de, nó tar éis fuaimeanna áirithe 'm' i gcomhthéacsanna áirithe i gcineálacha áirithe Gaeilge (e.g. san fhocal *máthair* i nGaeilge Ghaoth Dobhair), d'fhéadfaí an comhartha idirdhealaitheach [ʷ] a úsáid, mar go seasann sé don liopú seo a bhíonn ina urlabhraíocht thánaisteach i gcás fuaimeanna áirithe. Nó smaoinigh ar na pléascaigh dhéadacha sa Ghaeilge, mar shampla an túschonsan sna focail *dán*, *daoine*, etc. Níl siombail ar leith ann do phléascach déadach, ach tá comhartha idirdhealaitheach ann is féidir a chur leis an tsiombail don phléascach ailbheolach le cur in iúl gur consan déadach atá i gceist, i.e. [d̪]. I gcás an fhocail *daoine*, ina bhfuil consan coguasaithe ag teacht roimh ghuta tosaigh, d'fhéadfaí an tsleamhnóg (Féach 3.5) a chloistear idir an dá fhuaim seo a bhreacadh síos ag úsáid Aibítir an IPA, i.e. [ɯ]. Tugtar tacar comharthaí idirdhealaitheacha Aibítir an IPA i Léaráid 3.3.

₀	Neamhghlórach	n̥ d̥	..	Glór análach	b̈ ä	⌐	Déadach	t̪ d̪
ˬ	Glórach	s̬ t̬	~	Glór créachach	b̰ a̰	⌑	Rinneach	t̺ d̺
ʰ	Análaithe	tʰ dʰ	~	Teangaliopach	t̼ d̼	▫	Lannach	t̻ d̻
˒	Níos cruinne	ɔ̹	ʷ	Liopaithe	tʷ dʷ	˜	Srónaithe	ẽ
˓	Níos scartha	ɔ̜	ʲ	Carballaithe	tʲ dʲ	ⁿ	Le fuascailt shrónach	dⁿ
₊	Tulsáite	u̟	ˠ	Coguasaithe	tˠ dˠ	ˡ	Le fuascailt taobhach	dˡ
₋	Aistarraingthe	e̠	ˤ	Faraingithe	tˤ dˤ	˺	Gan fuascailt inchloiste	d̚
¨	Láraithe	ë	~	Coguasaithe nó faraingithe	ɫ			
×	Láraithe láir	ě	ˬ	Ardaithe	e̝	(ɹ̝ = cuimilteach ailbheolach glórach)		
ˌ	Siollach	n̩	˯	Íslithe	e̞	(β̞ = neasach déliopach glórach)		
˰	Neamhshiollach	e̯	˪	Fréamh teanga tulsáite	e̘			
˷	Rótach	e˞ a˞	˫	Fréamh teanga aistarraingthe	e̙			

Léaráid 3.3: An Aibítir Idirnáisiúnta Foghraíochta: Comharthaí idirdhealaitheacha.

Cuimsíonn Aibítir an IPA siombailí eile nach bhfuil clúdaithe sa chaibidil seo mar nach bhfuil siad ábhartha don leabhar. Más spéis leat breathnú tríothu, féach cairt an IPA, ar a bhfuil an aibítir iomlán, ar an gcairt ionsáite faoi iamh.

3.3 Fóineolaíocht agus tras-scríobh fóinéimeach

Mar a luadh i dtús na caibidle seo, bíonn fóineolaithe ag plé le córas struchtúrtha fuaimeanna i dteangacha ar leith. Déantar difríochtaí brí a chódú i bhfuaimeanna teanga, agus bíonn fóineolaithe ag iarraidh na haonaid, a idirdhealaíonn bríonna éagsúla, a oibriú amach. Tugtar *fóinéimí* ar na haonaid shuntasacha seo. Má thógtar an péire focal *bán/dán*, mar shampla, is féidir a rá go bhfuil brí éagsúil ag an dá fhocal i ngeall ar an difríocht idir an [bˠ] i dtús *bán* agus an [d̪ˠ] i dtús *dán*. Más ea, deirtear gur *fóinéimí* ar leith iad an dá chonsan seo. Is é sin, go bhfuil an difríocht eatarthu criticiúil ó thaobh brí de sa teanga áirithe seo. Le tras-scríobh a dhéanamh ar fhóinéimí, úsáidtear siombailí foghraíochta, ach cuirtear idir tulslaiseanna iad. Más ea, dhéanfaí na fóinéimí sa sampla seo a thras-scríobh mar /bˠ/ agus /d̪ˠ/.

Os a choinne sin, dá n-athrófaí an fhuaim i dtús an fhocail *bán* trí liopú a chur leis, mar a tharlaíonn in amanna, i.e. [bᵞʷ], ní thiocfadh athrú brí i gceist. Cruthaíonn sé seo nach fóinéimí ar leith iad [bᵞ] agus [bᵞʷ], ach gur allafóin iad den fhóinéim chéanna, i.e. /bᵞ/. Is é sin, is féidir difríocht foghraíochta a bheith ann idir dhá fhuaim gan difríocht brí a bheith i gceist. Tugtar allafóin ar fhuaimeanna atá gaolta ar an gcaoi seo.

Má tá córas fóinéimeach teanga oibrithe amach, is féidir tras-scríobh fóinéimeach a dhéanamh. Déantar córas fóinéimeach teanga a oibriú amach, mar a léiríodh thuas le *bán/dán*, trí phéirí íosdifríochta a aimsiú d'fhuaimeanna uile na teanga. Is éard is péire íosdifríochta ná péire focal, atá difriúil ó thaobh brí de, ach nach bhfuil de dhifríocht eatarthu ach fóinéim amháin. Cruthaíonn na péirí seo an stádas fóinéimeach atá ag fuaimeanna, i.e. gur fóinéimí iad. Le sampla eile a thabhairt, tá na focail *suí* [sᵞᵚi:] agus *sí* [ʃi:] difriúil ó thaobh brí de i nGaeilge Chorca Dhuibhne. Níl de dhifríocht eatarthu, ó thaobh fuaimnithe de, ach [sᵞᵚ] vs. [ʃ]. Tagann an [ᵚ] i gceist idir consan coguasaithe agus guta tosaigh, agus ní bhaineann sé leis an bhfóinéim féin dá réir. Más ea, is féidir a rá go bhfuil contrárthacht fhóinéimeach idir na fuaimeanna [sᵞ] agus [ʃ] sa chanúint seo. Léireofaí an chontrárthacht seo i nodaireacht fhóinéimeach mar seo: /sᵞ/ ~ /ʃ/. Roghnaítear na siombailí seo chun na fóinéimí seo a léiriú toisc gurb iad [sᵞ] agus [ʃ] na hallafóin is coitianta do na fóinéimí seo.

Is féidir tras-scríobh a dhéanamh ar fhóinéimí, ag úsáid tacar siombailí bunaithe ar an IPA, agus neamhaird a dhéanamh ar mhiondifríochtaí atá neamhshuntasach ó thaobh brí de. Mar shampla, i gcanúint Ghaoth Dobhair, is féidir na hallafóin [x], [h], agus [ɹᵞ] a chloisteáil i gcomhthéacsanna áirithe don aonad a léirítear le ⟨ch⟩ sa litriú, ach ní chuireann an malartú seo difríocht brí in iúl. Go hiondúil is [x] a chloistear i dtús focail, mar shampla *mo chos*. Cloistear [x] nó [h] i lár focail, mar shampla *clocha*. Cloistear [ɹᵞ] roimh /t̪ᵞ/ in amanna, mar shampla *seacht*. Is féidir a rá gur allafóin iad na fuaimeanna éagsúla den fhóinéim chéanna. Is gá siombail a roghnú a sheasfaidh don fhóinéim seo. Go hiondúil roghnaítear an tsiombail foghraíochta a sheasann don allafón is coitianta. É sin nó an tsiombail is éasca a scríobh as na siombailí foghraíochta a sheasann do na hallafóin. Sa chás seo, moltar an tsiombail /x/ a úsáid don fhóinéim seo. Léirítear anseo an nodaireacht a úsáidtear don tras-scríobh fóinéimeach. Mar a luadh cheana, cuirtear tras-scríobh foghraíochta idir lúibíní cearnógacha. Cuirtear tras-scríobh fóinéimeach idir tulslaiseanna.

Ní mór a lua ag an bpointe seo gur gá a bheith cúramach gan labhairt faoin nGaeilge mar aonad comhtháite agus cúrsaí fóineolaíochta faoi chaibidil. Nuair a dhéantar anailís fhóinéimeach, déantar í ar theanga mar aonad comhtháite. Is é sin, roghnaítear cineál amháin den teanga agus déantar an anailís ar an gcineál sin. Go hiondúil, déanann teangeolaithe a gcuid taighde ar an gcineál caighdeánach labhartha de theanga. I gcás Bhéarla na Breataine, tá cineál caighdeánach labhartha ann ar a dtugtar *Received Pronunciation* (RP) 'fuaimniú inghlactha', agus tá sé bunaithe ar an gcineál Béarla atá ag aicme ar leith daoine i ndeisceart Shasana. Níl a leithéid de rud agus cineál caighdeánach labhartha ann i gcás na Gaeilge i ngeall ar chúinsí stairiúla. Sa bhreis air seo, níl stádas níos airde ná a chéile ag ceann ar bith de na cineálacha (canúintí) réigiúnacha. Go hiondúil, déantar na cineálacha Gaeilge labhartha réigiúnacha a rangú i dtrí mhórghrúpa. Déantar cineálacha Dhún na nGall a rangú le chéile. Tugtar Gaeilge Uladh ar an rangú seo. Déantar cineálacha Mhaigh Eo agus na Gaillimhe a rangú le chéile. Tugtar Gaeilge Chonnacht ar an rangú seo. Déantar cineálacha Chiarraí, Chorcaí, agus Phort Láirge a rangú le chéile. Tugtar Gaeilge na Mumhan ar an rangú seo. Roghnaíodh mionchineál amháin as gach mórrangú don saothar seo agus is ag tagairt do cheann amháin de na cineálacha seo a bhítear sa leabhar seo i gcomhthéacs na fóineolaíochta. Roghnaíodh canúint Ghaoth Dobhair (GD) mar léiriú ar Ghaeilge Uladh, roghnaíodh canúint na Ceathrún Rua (CR) mar léiriú ar Ghaeilge Chonnacht, agus roghnaíodh canúint Chorca Dhuibhne (CD) mar léiriú ar Ghaeilge na Mumhan.

3.4 Consain na Gaeilge

Tá líon mór consan sa Ghaeilge. Mar a pléadh i gCaibidil 2, tá gné chontrárthachta breise i gceist i gcás chonsain na Gaeilge, i.e. an urlabhraíocht thánaisteach, carballú nó coguasú. Tá an urlabhraíocht thánaisteach seo suntasach ó thaobh difríochtaí brí a chur in iúl. Más ea, tá an carballú agus an coguasú suntasach san anailís ar fhóinéimí. Fágann sé seo go bhfuil níos mó fóinéimí consanta sa Ghaeilge ná mar atá i dteangacha áirithe eile, an Béarla ina measc. Tar éis anailís fhóinéimeach ar chanúint Ghaeilge, is léir gur féidir formhór na gconsan a eagrú ina bpéirí coguasaithe–carballaithe. Cé go mbíonn cásanna ann ina mbíonn an carballú nó an coguasú in easnamh ar an bhfoghraíocht in amanna, deirtear go mbíonn gach fóinéim consanta coguasaithe go fóinéimeach nó carballaithe go fóinéimeach.

Is féidir contrárthacht idir gach consan agus consan éigin eile a fheiceáil sna péirí íosdifríochta do na canúintí i dTáblaí 4.1, 5.1, agus 6.1. Léiríonn sé seo stádas fóinéimeach na gconsan seo sna canúintí seo.

I gcanúintí áirithe, tá contrárthacht fhóinéimeach le sonrú idir trí chineál fuaime 'l' glórach agus trí chineál fuaime 'n' glórach. Sa bhreis air seo, bíonn contrapháirteanna neamhghlóracha ag na fóinéimí sondacha, is é sin na fuaimeanna srónacha, neasacha, taobhacha, agus rótacha. Níl saineolaithe ar aon fhocal maidir le stádas fóinéimeach na bhfuaimeanna seo i ngeall ar nach dtagann siad i gceist ach i gcomhthéacsanna gramadaí ar leith. Pléitear leis na sondaigh neamhghlóracha amhail is gur fóinéimí iad sa saothar seo, go háirithe ó thaobh nodaireachta de (e.g. /l̥ʲ/ san fhocal *craolfaidh*), agus ní phléitear an cheist theoiriciúil maidir lena stádas fóinéimeach. Ní mór a lua freisin go n-úsáidtear an tsraith litreacha neamhchaighdeánach 'shm-' sa saothar seo chun na fóinéimí /m̥ʲ/ agus /mʲ/ a léiriú go hortagrafach.

3.5 Gutaí na Gaeilge

Ós rud é go bhfuil gné chontrárthachta breise i gceist i gcás ghutaí na Gaeilge, i.e. fad an ghuta, tá líon réasúnta ard gutaí sa Ghaeilge.

I dteangacha áirithe, bíonn fóinéimí ann ar défhoghair iad. Is éard is défhoghar ann ná dhá ghuta a thagann díreach i ndiaidh a chéile. Áirítear an trasdul (an sleamhnú ó ghotha (cruth) amháin teanga go gotha eile teanga) idir an dá ghuta mar chuid den défhoghar. Tá líon éagsúil défhoghar i gcanúintí éagsúla na Gaeilge. Cloistear na ceithre dhéfhoghar seo sna focail seo a leanas i nGaeilge na Ceathrún Rua: *dian* /iə/, *cadhain* /ai/, *sleamhain* /au/, *tuar* /uə/. Is féidir stádas fóinéimeach na ndéfhoghar seo a léiriú leis na péirí íosdifríochta seo a leanas: *dian* v. *díon*; *cadhain* v. *cáin*; *sleamhain* v. *sleáin*; *tuar* v. *túr*.

I ngeall ar an éifeacht a bhíonn ag an gcarballú agus ag an gcoguasú ar fhoghraíocht na Gaeilge, is gá cineál eile guta a lua. Sleamhnóga a thugtar ar na gutaí seo agus tagann siad i gceist nuair a bhíonn consan carballaithe taobh le guta cúil i bhfocal, nó nuair a bhíonn consan coguasaithe taobh le guta tosaigh. Bíonn siad le sonrú go mór nuair a bhíonn gutaí dúnta i gceist. Déantar na sleamhnóga seo a thras-scríobh mar fhorscript go hiondúil le léiriú nach teascáin shuntasacha fhóinéimeacha iad, cé go mbíonn luach suntasach foghraíochta i gceist leo in amanna. Is é sin, i gcomhthéacsanna áirithe, bíonn siad le cloisteáil go soiléir.

Nuair a leanann guta cúil consan carballaithe, bíonn sleamhnóg [ⁱ] i gceist eatarthu, mar shampla *pioc* [pʲʰⁱʌkʰ] (CD). Nuair a leanann consan carballaithe guta cúil, bíonn sleamhnóg [ⁱ] i gceist eatarthu, mar shampla *coipthe* [kʰʌˈpʲʰiː] (CR). Nuair a leanann guta tosaigh consan coguasaithe, bíonn sleamhnóg [ᵕ] i gceist eatarthu, mar shampla *puiteach* [pˠʰᵕɪtʲʰəx] (CD). Nuair a leanann consan coguasaithe guta tosaigh, bíonn sleamhnóg [ə] i gceist eatarthu, mar shampla *scríobtha* [ɕcʰrʲiːəpˠʰə] (GD).

Cé nach bhfuil na sleamhnóga seo criticiúil ó thaobh brí de murab ionann is fóinéimí, is gnéithe criticiúla d'fhoghraíocht na Gaeilge iad agus bíonn siad i gceist má tá urlabhraíocht na dteascán consanta i gceart.

3.6 Cleachtaí

Déan na focail seo a leanas (atá le cloisteáil sa chatalóg fuaimeanna ar líne ag www.fuaimeanna.ie) a thras-scríobh go fóinéimeach de réir fhóineolaíocht chanúint éigin Gaeilge: *bán, buíon, creid, croch, deis, féar, feic, Gael, leaba, leabhar*. Lean na céimeanna atá leagtha amach sa sampla seo thíos.

póit (An Cheathrú Rua)

1. Imroinn ina chonsain agus ina ghutaí: p|ói|t = $C_1 V_1 C_2$

2. Consain:

   a) An cineál urlabhraíochta: C_1=pléascach; C_2=pléascach.

   b) An áit urlabhraíochta: C_1=déliopach; C_2=ailbheol-charballach.

   c) Glór: C_1=neamhghlórach; C_2=neamhghlórach.

   d) Urlabhraíocht thánaisteach: C_1=coguasaithe; C_2=carballaithe.

3. Gutaí:

   a) Aistarraingt na teanga: V_1=cúil.

   b) Airde na teanga: V_1=leathdhúnta.

   c) Cruth na liopaí: V_1=cruinn.

   d) Fad an ghuta: V_1=fada.

4. Sleamhnóga: C_1=consan cúil (i.e. coguasaithe) $> \emptyset$ (i.e. gan sleamhnóg) $> V_1$=guta cúil $>$ [ˈ] $> C_2$=consan tosaigh (i.e. carballaithe).

5. Cur síos foghraíochta:

   a) C_1: (Consan) pléascach déliopach neamhghlórach coguasaithe análaithe.

   b) V_1: Guta cúil leathdhúnta cruinn fada.

   c) C_2: (Consan) pléascach ailbheol-charballach neamhghlórach carballaithe.

6. Tras-scríobh foghraíochta: [pˠʰoːˈt̪ʲʰ]

7. Tras-scríobh fóinéimeach: /pˠoːt̪ʲ/

4 Consain agus gutaí Ghaeilge Ghaoth Dobhair

4.1 Réamhrá

Sa chaibidil seo, déantar cur síos ar chonsain agus ar ghutaí Ghaeilge Ghaoth Dobhair. Dírítear ar na consain ar dtús, agus leagtar amach tacar iomlán fóinéimí agus foghair chonsanta na canúna ar thábla i dtús na caibidle, tar éis an réamhrá seo. Tá an tábla seo leagtha amach ar aon dul le tábla na gconsan ar chairt an IPA. Feictear an áit urlabhraíochta ag athrú de réir mar a bhogtar ó chlé go deas. Samhlaítear tosach an bhéil ar chlé. Taispeántar na cineálacha éagsúla urlabhraíochta ar shraitheanna éagsúla ar an tábla. I ngach cillín den tábla, taispeántar fuaimeanna neamhghlóracha (e.g. /p^γ/, /p^j/) ar chlé agus fuaimeanna glóracha (e.g. /b^γ/, /b^j/) ar dheis, agus taispeántar fuaimeanna coguasaithe (e.g. /p^γ/, /b^γ/) in uachtar agus fuaimeanna carballaithe (e.g. /p^j/, /b^j/) in íochtar. Tar éis an tábla seo, tugtar tábla eile ar a bhfuil péirí íosdifríochta do chuid de na consain, atá oiriúnach don chanúint seo. Tugtar iad seo mar chruthúnas ar stádas fóinéimeach na gconsan a luaitear. Tá roinnt consan in easnamh ar an tábla seo ó tharla nár aimsíodh nó nach ann do phéire íosdifríochta do na consain sin.

Déantar na fóinéimí consanta a ghrúpáil ina dhiaidh sin, grúpa in aghaidh an leathanaigh. Is de réir na coda den bhéal ina bhfuaimnítear na fóinéimí, móide an cineál urlabhraíochta tánaistí, a dhéantar iad a ghrúpáil. I gcás gach grúpa, déantar cur síos ar dtús ar na tréithe foghraíochta is suntasaí a bhaineann le fuaimniú gach ball den ghrúpa trí chéile, i gcomhthéacsanna éagsúla. Ansin déantar cur síos foghraíochta ar an tslí, nó ar na slite, ina bhfuaimnítear gach ball. Seo a leanas na grúpaí atá i gceist:

- Liopaigh choguasaithe/charballaithe, e.g. /pˠ/, /pʲ/.
- Corónaigh choguasaithe/charballaithe, e.g. /t̪ˠ/, /t̪ʲ/.
- Dromaigh choguasaithe/charballaithe, e.g. /k/, /c/.
- Glotaigh choguasaithe/charballaithe, e.g. /hˠ/, /hʲ/.

Mar is léir ón téarma, déantar consain liopacha a fhuaimniú ag na liopaí. Tugtar corónaigh ar chonsain a fhuaimnítear i dtreo thosach an bhéil agus tugtar dromaigh ar chonsain a fhuaimnítear i dtreo chúl an bhéil. Is iad na glotaigh na consain a fhuaimnítear ag an nglotas, an bhearna idir téada an ghutha.

Tar éis na gconsan, dírítear ar na gutaí. Leagtar amach tacar iomlán fóinéimí gutacha na canúna ar dhá cheathairshleasán gutaí. Is iad na bunghutaí atá ar an gcéad cheathairshleasán, an ceann ar chlé. Tá na défhoghair ar an dara ceathairshleasán, an ceann ar dheis. Scéimléaráid de lárlimistéar an bhéil is ea an ceathairshleasán. Léirítear airde na teanga ar an diminsean ceartingearach agus léirítear ar an diminsean cothrománach suíomh (tulsá/aistarraingt) na teanga i dtreo thosach an bhéil (ar chlé) nó i dtreo chúl an bhéil (ar dheis). I gcás gach guta, úsáidtear an tsiombail a sheasann don bhunghuta is gaire ó thaobh fuaimnithe de. Tugann an tsiombail le fios pé acu cruinn nó scartha a bhíonn na liopaí le linn fhuaimniú an ghuta. Faoi bhun na gceathairshleasán, tugtar tacar neas-íosdifríochta na ngutaí. Murab ionann agus péire íosdifríochta, cuimsíonn tacar íosdifríochta an tacar iomlán gutaí, agus ní díreach péire gutaí. Tacar neas-íosdifríochta atá i gceist anseo mar go bhfuil níos mó ná difríocht fhóinéimeach amháin i gceist i gcás cuid de na péirí focal.

Déantar na fóinéimí gutacha a ghrúpáil ina dhiaidh sin, grúpa in aghaidh an leathanaigh. Is de réir na coda den bhéal ina bhfuaimnítear na fóinéimí, a dhéantar iad a ghrúpáil. I gcás gach grúpa, déantar cur síos ar dtús ar na tréithe foghraíochta is suntasaí a bhaineann le fuaimniú gach ball den ghrúpa trí chéile, i gcomhthéacsanna éagsúla. Ansin déantar cur síos foghraíochta ar an tslí, nó ar na slite, ina bhfuaimnítear gach ball. I gcásanna áirithe, déantar an cur síos i dtéarmaí an bhunghuta is gaire, agus tagraítear don bhunghuta de réir a uimhreach. Is féidir uimhreacha na mbunghutaí a aimsiú i Léaráid 3.2. Seo a leanas na grúpaí atá i gceist:

- Gutaí tosaigh, e.g. /iː/.

- Gutaí oscailte, e.g. /æː/.

- Gutaí cúil, e.g. /oː/.

- Défhoghair, e.g. /au/.

Bíonn lár na teanga chun tosaigh agus i dtreo bharr lárlimistéar an bhéil agus gutaí tosaigh á bhfuaimniú, agus i dtreo chúl lárlimistéar an bhéil i gcás na ngutaí cúil. Bíonn lár na teanga íslithe i lárlimistéar an bhéil i gcás gutaí oscailte. Bíonn sleamhnóg ó ghuta amháin go guta eile i gceist i gcás défhoghar.

4.2 Fogharthacar consanta na canúna

Tugtar fóinéimí consanta Ghaeilge Ghaoth Dobhair, móide foghair eile a thagann i gceist i gcomhthéacsanna gramadaí ar leith (i.e. na consain shondacha neamhghlóracha), i Léaráid 4.1. Is iad na siombailí a thugtar na cinn a mholtar a úsáid agus tras-scríobh fóinéimeach idir lámha ar chonsain na canúna seo. Más fearr leat siombailí traidisiúnta Ceiltíocha a úsáid, tá mapáil chucu ó na siombailí a thugtar anseo ar fáil san Aguisín.

	Liopach	Déadach	Ailbheolach	Ailbheol-charballach	Carballach	Coguasach	Glotach
Pléascach/ Achuimilteach	pˠ bˠ pʲ bʲ	t̪ˠ d̪ˠ		t͡ʃ d͡ʒ	c ɟ	k g	
Cuimilteach/ Neasach	fˠ w fʲ vʲ		sˠ ɕ		ç j	x ɣ	hˠ hʲ
Srónach	m̥ˠ mˠ m̥ʲ mʲ	n̪̥ˠ n̪ˠ	n̥ n	n̥ʲ nʲ	ɲ̥ ɲ	ŋ̥ ŋ	
Cnagach/ Neasach			ɾˠ ɾˠ	ɾʲ ɾʲ			
Taobhach		l̪̥ˠ l̪ˠ	l̥ l	l̥ʲ lʲ			

Léaráid 4.1: Fogharthacar consanta Ghaeilge Ghaoth Dobhair.

Tugtar péirí íosdifríochta chonsain Ghaeilge Ghaoth Dobhair i dTábla 4.1. Tugtar na péirí íosdifríochta mar léiriú ar stádas fóinéimeach na gconsan seo sa chanúint seo. Cuirtear péirí neas-íosdifríochta idir lúibíní.

Fóinéimí	Péirí íosdifríochta
/pˠ–pʲ/	scóp:scóip
/bˠ–bʲ/	buí:bí; buíon:bíonn; bó:beo
/t̪ˠ–t͡ʃ/	tuí:tí
/d̪ˠ–d͡ʒ/	dó:deo
/k–c/	cúis:ciumhais; caor:cíor
/g–ɟ/	gal:geal
/fˠ–fʲ/	faoi:figh
/w–vʲ/	bhuí:bhí
/sˠ–ɕ/	suí:sí
/x–ç/	an chú:an chiú
/ɣ–j/	an-ghal:an-gheal
/mˠ–mʲ/	óm:óim; maoiniú:míniú
/n̪ˠ–n̪ʲ/	naoi:nigh
/ŋ–ɲ/	longa:loinge
/rˠ–rʲ/	cur:cuir
/l̪ˠ–l̪ʲ/	lón:leon; luí:ligh
/l–lʲ/	tuil:tuill
/pˠ–bˠ/	páistí:báistí
/pʲ–bʲ/	pinn:binn
/t̪ˠ–d̪ˠ/	ghreadfadh:ghreadadh
/t̪ʲ–d̪ʲ/	chreidfeadh:chreideadh; (itear:idir)
/k–g/	cad:gad
/c–ɟ/	ciall:giall
/fˠ–w/	fóta-:vóta
/fʲ–vʲ/	figh:bhí
/x–ɣ/	an-chaol:an-ghaol
/ç–j/	cheal:gheal

Tábla 4.1: Péirí íosdifríochta chonsain Ghaeilge Ghaoth Dobhair.

Liopaigh choguasaithe

[ʷᵚ] Bíonn liopú tánaisteach [ʷ] i gceist, agus bíonn sleamhnóg [ᵚ] le cloisteáil ina ndiaidh roimh ghuta tosaigh, e.g. *puiteach* [pˠʷʰᵚɪt͡ʃax], ach ní bhíonn roimh ghuta cúil, e.g. *póit* [pˠʰoːˑt͡ʃ].

[ᵊ] I ndeireadh siolla, bíonn sleamhnóg [ᵊ] rompu tar éis guta tosaigh, e.g. *scríobtha* [ɕcrʲiːᵊpˠʰə], ach ní bhíonn tar éis guta cúil, e.g. *sop* [sˠɐpˠʰ].

/pˠ/   [pˠʰ]   Pléascach déliopach neamhghlórach coguasaithe análaithe: Gach comhthéacs, ach amháin tar éis /sˠ/.

       [pˠ]   Pléascach déliopach neamhghlórach coguasaithe: Tar éis /sˠ/.

/bˠ/   [bˠ]   Pléascach déliopach glórach coguasaithe.

/fˠ/   [fˠ]   Cuimilteach liopadhéadach neamhghlórach coguasaithe.

       [ʍ]   Cuimilteach liopach-coguasach neamhghlórach coguasaithe.

/w/   [w]   Neasach liopach-coguasach glórach coguasaithe.

      [vˠ]   Cuimilteach liopadhéadach glórach coguasaithe.

/m̥ˠ/   [m̥ˠ]   Srónach déliopach neamhghlórach coguasaithe.

/mˠ/   [mˠ]   Srónach déliopach glórach coguasaithe.

Liopaigh charballaithe

[ʲ]   Bíonn sleamhnóg [ʲ] le cloisteáil ina ndiaidh roimh ghuta cúil, e.g. *pionta* [pʲʰiʌn̪ˠt̪ˠʰə], ach ní bhíonn roimh ghuta tosaigh, e.g. *peata* [pʲʰat̪ˠʰə].

[ˈ]   I ndeireadh siolla, bíonn sleamhnóg [ˈ] rompu tar éis guta cúil, e.g. *coipthe* [kʌˈpʲʰɛ], ach ní bhíonn tar éis guta tosaigh, e.g. *blíp* [bʲliːpʲʰ].

/pʲ/   [pʲʰ]   Pléascach déliopach neamhghlórach carballaithe análaithe: Gach comhthéacs, ach amháin tar éis /sˠ/.

        [pʲ]   Pléascach déliopach neamhghlórach carballaithe: Tar éis /sˠ/.

/bʲ/   [bʲ]   Pléascach déliopach glórach carballaithe.

/fʲ/   [fʲ]   Cuimilteach liopadhéadach neamhghlórach carballaithe.

/vʲ/   [vʲ]   Cuimilteach liopadhéadach glórach carballaithe.

/m̥ʲ/   [m̥ʲ]   Srónach déliopach neamhghlórach carballaithe.

/mʲ/   [mʲ]   Srónach déliopach glórach carballaithe.

Corónaigh choguasaithe

[ᵚ] Bíonn sleamhnóg [ᵚ] le cloisteáil ina ndiaidh roimh ghuta tosaigh faoi bhéim, e.g. *tuí* [t̪̠ˠʰᵚiː], ach ní bhíonn roimh ghuta cúil ná oscailte, e.g. *tóin* [t̪̠ˠʰoːˈn̪ʲ].

[ə] I ndeireadh siolla faoi bhéim, bíonn sleamhnóg [ə] rompu tar éis guta tosaigh, e.g. *aos* [iːəsˠ], ach ní bhíonn tar éis guta cúil, e.g. *pota* [pˠʰot̪̠ˠʰɛ].

/t̪̠ˠ/   [t̪̠ˠʰ]   Pléascach déadach neamhghlórach coguasaithe análaithe: Gach comhthéacs, ach amháin tar éis /sˠ/.

         [t̪̠ˠ]   Pléascach déadach neamhghlórach coguasaithe: Tar éis /sˠ/.

/d̪̠ˠ/   [d̪̠ˠ]   Pléascach déadach glórach coguasaithe.

/sˠ/   [sˠ]   Cuimilteach ailbheolach neamhghlórach coguasaithe.

/n̪̥ˠ/   [n̪̥ˠ]   Srónach déadach neamhghlórach coguasaithe.

/n̪ˠ/   [n̪ˠ]   Srónach déadach glórach coguasaithe.

/r̥ˠ/   [r̥ˠ]   Cnagach ailbheolach neamhghlórach coguasaithe.

/rˠ/   [rˠ]   Cnagach ailbheolach glórach coguasaithe.

/l̪̥ˠ/   [l̪̥ˠ]   Taobhach déadach neamhghlórach coguasaithe.

/l̪ˠ/   [l̪ˠ]   Taobhach déadach glórach coguasaithe.

Corónaigh charballaithe

[ⁱ]   Bíonn sleamhnóg [ⁱ] le cloisteáil ina ndiaidh roimh ghuta cúil faoi bhéim,
        e.g. *teocht* [t͡ʃⁱɔːɹˠt̪ˠʲʰ], agus roimh ghuta tosaigh, e.g. *timpeall* [t͡ʃⁱɪmʲpˠʰəlˠ].

[ʲ]   Ag deireadh siolla faoi bhéim, bíonn sleamhnóg [ʲ] rompu tar éis guta cúil,
        e.g. *póit* [pˠʰoːʲt͡ʃ], ach ní bhíonn tar éis guta tosaigh, e.g. *ite* [ɪt͡ʃɛ].

/t͡ʃ/   [t͡ʃ]   Achuimilteach iar-ailbheolach neamhghlórach carballaithe.

/d͡ʒ/   [d͡ʒ]   Achuimilteach iar-ailbheolach glórach carballaithe. Tá an consan seo an-chosúil leis an gconsan san fhocal *joy* i mBéarla na hÉireann.

/ɕ/   [ɕ]   Cuimilteach ailbheol-charballach neamhghlórach carballaithe.

/n̥/   [n̥]   Srónach ailbheolach neamhghlórach.

/n/   [n]   Srónach ailbheolach glórach.

/n̥ʲ/   [n̥ʲ]   Srónach ailbheol-charballach neamhghlórach carballaithe.

/nʲ/   [nʲ]   Srónach ailbheol-charballach glórach carballaithe. Tá an consan seo an-chosúil leis an gcéad chonsan san fhocal *onion* i mBéarla na hÉireann.

/ɾ̥ʲ/   [ɾ̥ʲ]   Cnagach ailbheol-charballach neamhghlórach carballaithe.

/ɾʲ/   [ɾʲ]   Cnagach ailbheol-charballach glórach carballaithe.

        [j]   Neasach carballach glórach carballaithe.

/l̥/   [l̥]   Taobhach ailbheolach neamhghlórach.

        [ɬ]   Cuimilteach taobhach ailbheolach neamhghlórach.

/l/   [l]   Taobhach ailbheolach glórach.

/l̥ʲ/   [l̥ʲ]   Taobhach ailbheol-charballach neamhghlórach carballaithe.

        [ɬʲ]   Cuimilteach taobhach ailbheol-charballach neamhghlórach carballaithe.

/lʲ/   [lʲ]   Taobhach ailbheol-charballach glórach carballaithe.

Dromaigh choguasaithe

[ɯ]   Ní bhíonn sleamhnóg [ɯ] le cloisteáil ina ndiaidh roimh ghuta tosaigh faoi bhéim, e.g. *coiligh* [kʰɪliː], ná roimh ghuta cúil, e.g. *cóisir* [kʰoːɕɪɾʲ].

[ə]   I ndeireadh siolla faoi bhéim, bíonn sleamhnóg [ə] rompu tar éis guta tosaigh, e.g. *íoc* [iːəkʰ], ach ní bhíonn tar éis guta cúil, e.g. *poc* [pɣʰʌkʰ].

/k/	[kʰ]	Pléascach coguasach neamhghlórach coguasaithe análaithe: Gach comhthéacs ach amháin tar éis /sɣ/.
	[k]	Pléascach coguasach neamhghlórach coguasaithe: Tar éis /sɣ/.
/g/	[g]	Pléascach coguasach glórach coguasaithe.
/x/	[x]	Cuimilteach coguasach neamhghlórach coguasaithe: I dtús focail.
	[h]	Cuimilteach glotach neamhghlórach: I lár nó i ndeireadh focail.
	[ɹɣ]	Cuimilteach glotach neamhghlórach: Roimh /t̪ɣ/.
/ɣ/	[ɣ]	Cuimilteach coguasach glórach coguasaithe.
/ŋ̊/	[ŋ̊]	Srónach coguasach neamhghlórach coguasaithe.
/ŋ/	[ŋ]	Srónach coguasach glórach coguasaithe.

Dromaigh charballaithe

[ⁱ]   Bíonn sleamhnóg [ⁱ] le cloisteáil ina ndiaidh roimh ghuta cúil nó oscailte faoi bhéim, e.g. *cearc* [cʰⁱaˑɾˠkʰ], ach ní bhíonn roimh ghuta tosaigh, e.g. *císte* [cʰiːc͡ʧɛ].

[ᶦ]   I ndeireadh siolla faoi bhéim, bíonn sleamhnóg ghearr [ᶦ] rompu tar éis guta cúil, e.g. *stoic* [sˠt̪ˠˠʌᶦcʰ], ach ní bhíonn tar éis guta tosaigh, e.g. *seic* [çɛcʰ].

/c/   [cʰ]   Pléascach carballach neamhghlórach carballaithe análaithe: Gach comhthéacs ach amháin tar éis /ç/.

       [c]   Pléascach carballach neamhghlórach carballaithe: Tar éis /ç/.

/ɟ/   [ɟ]   Pléascach carballach glórach carballaithe.

/ç/   [ç]   Cuimilteach carballach neamhghlórach carballaithe.

/j/   [j]   Neasach carballach glórach carballaithe.

/ɲ̊/   [ɲ̊]   Srónach carballach neamhghlórach carballaithe.

/ɲ/   [ɲ]   Srónach carballach glórach carballaithe.

Glotaigh choguasaithe

/hˠ/   [h]   Cuimilteach glotach neamhghlórach.

Glotaigh charballaithe

/hʲ/   [ih]   Guta scartha tosaigh dúnta roimh chuimilteach glotach neamhghlórach.

4.3 Fogharthacar gutach na canúna

Tugtar fóinéimí gutacha Ghaeilge Ghaoth Dobhair i Léaráid 4.2. Is iad na siombailí a thugtar anseo na cinn a mholtar a úsáid agus tras-scríobh fóinéimeach ar bun ar ghutaí na canúna seo. Más fearr leat siombailí traidisiúnta Ceiltíocha a úsáid, tá mapáil chucu ó na siombailí a thugtar anseo ar fáil san Aguisín.

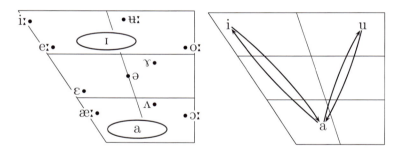

Léaráid 4.2: Fogharthacar gutach Ghaeilge Ghaoth Dobhair.

Tugtar tacar neas-íosdifríochta na ngutaí i dTábla 4.2. Tugtar an tacar neas-íosdifríochta seo mar léiriú ar stádas fóinéimeach na ngutaí seo sa chanúint seo.

Guta	Sampla		
/iː/	crích	'finish' (tabharthach)	/cɾʲiːç/
/ɪ/	crith	'shake'	/cɾʲɪhʲ/
/eː/	cré	'soil'	/cɾʲeː/
/ɛ/	creid	'believe'	/cɾʲɛd͡ʒ/
/æː/	crá	'anguish'	/kɾˠæː/
/a/	craic	'fun'	/kɾˠac/
/ɔː/	cnó	'nut'	/kɾˠɔː/
/oː/	cró	'hut'	/kɾˠoː/
/ʌ/	croch	'hang'	/kɾˠʌx/
/ʉː/	crú	'milking'	/kɾˠʉː/
/ɣ/	cruth	'shape'	/kɾˠɣhˠ/
/ai/	caighdeán	'standard'	/kaid͡ʒæːnˠ/
/au/	camhraigh	'decay'	/kauɾˠiː/
/ia/	criathar	'sieve'	/cɾʲiahˠaɾˠ/
/ua/	crua	'hard'	/kɾˠuaj/

Tábla 4.2: Focail shamplacha a léiríonn contrárthachtaí gutacha Ghaeilge Ghaoth Dobhair.

Gutaí tosaigh

[̬] Bíonn siad aistarraingthe de bheagán le taobh consain choguasaithe, e.g. *daoine*.

[̈] Bíonn siad láraithe de bheagán idir dhá chonsan choguasaithe, e.g. *caora*.

/iː/ [iː] Guta scartha tosaigh dúnta fada, gar do bhunghuta 1 (Féach Léaráid 3.2), e.g. *lín, líon, suímh, suíomh*.

Cloistear an fhóinéim seo nuair atá ⟨ao⟩ nó ⟨aoi⟩ sa leagan scríofa, e.g. *naoi, naomh, saol, taobh*.

/ɪ/ [ɪ] Guta scartha neastosaigh neasdúnta gearr, e.g. *criticiúil, crios, cruidín*.

[i] Guta scartha tosaigh dúnta gearr, e.g. *aici, ith*.

Cloistear an fhóinéim seo, mar a mbeifí ag súil le /iː/ de réir an litrithe, i.e. nuair atá ⟨í⟩ nó ⟨ío⟩ sa leagan scríofa, i siollaí faoi bhéim, e.g. *síl*.

Cloistear an fhóinéim seo, mar a mbeifí ag súil le /a/ de réir an litrithe, i.e. nuair atá ⟨ai⟩ sa leagan scríofa, i siollaí faoi bhéim, e.g. *baint, cait, crainn, níos faide*.

/eː/ [eː] Guta scartha tosaigh leathdhúnta fada, gar do bhunghuta 2, e.g. *béil, Gaeil*.

[ɛː] Guta scartha tosaigh leathoscailte fada, gar do bhunghuta 3, e.g. *béal, Gael*.

Cloistear an fhóinéim seo, mar a mbeifí ag súil le /ai/ de réir an litrithe, i.e. nuair atá ⟨eidh⟩, ⟨eigh⟩, ⟨eadh(a)⟩, ⟨adh(a)⟩, nó ⟨agh(a)⟩ sa leagan scríofa, i siollaí faoi bhéim, e.g. *leigheas, radharc*.

/ɛ/ [ɛ] Guta scartha tosaigh leathoscailte gearr, gar do bhunghuta 3, e.g. *deis*.

Cloistear an fhóinéim seo, mar a mbeifí ag súil le /eː/ de réir an litrithe, i.e. nuair atá ⟨éi⟩ nó ⟨ae⟩ sa leagan scríofa, i siollaí gan bhéim, e.g. *buidéil, captaen*.

Gutaí oscailte

/æː/   [æː]   Guta scartha tosaigh neasoscailte fada, de ghnáth, e.g. *a Sheáin, Seán, cás, cáis*.

         [æ̣ː]   Guta cruinn tosaigh neasoscailte fada, in aice le consan liopach coguasaithe, e.g. *bád*.

         [ɑː]   Guta scartha cúil oscailte fada san fhocal *am*.

Cloistear an fhóinéim seo, mar a mbeifí ag súil le /a/ de réir an litrithe, i.e. nuair atá ⟨ea⟩, ⟨a⟩ nó ⟨ai⟩ sa leagan scríofa, roimh ⟨rd⟩, ⟨rl⟩, ⟨rn⟩ nó ⟨rr⟩ (focail aonsiollacha nó a ndíorthaigh amháin i gcás ⟨rr⟩), e.g. *ard, cairde, tairne, gearr, barr*, ach ní *tarraing*, etc.

/a/   [a]   Guta scartha tosaigh oscailte gearr, i gcomhthéacs carballaithe de ghnáth, e.g. *bean, cead, fear, ainm, caint, gaineamh*, ach i gcomhthéacsanna coguasaithe áirithe freisin, e.g. *cas, hata*.

        [ɑ]   Guta scartha cúil oscailte gearr, i gcomhthéacsanna coguasaithe, e.g. *abair, balla, capall*.

Cloistear an fhóinéim seo, mar a mbeifí ag súil le /æː/ de réir an litrithe, i.e. nuair atá ⟨eá⟩, ⟨á⟩ nó ⟨ái⟩ sa leagan scríofa, i siollaí gan bhéim, e.g. *oileán, urlár, sábháil*.

Cloistear an fhóinéim seo, mar a mbeifí ag súil le /ʌ/ de réir an litrithe, i.e. nuair atá ⟨o⟩ sa leagan scríofa, i bhfocail áirithe, e.g. *sop*.

Gutaí cúil

/ʉː/   [ʉː]   Guta cruinn láir dúnta fada, gar do bhunghuta 18, e.g. *tiúis, tiús, rúin, rún.*

Cloistear an fhóinéim seo mar a mbíonn na moirféimí ⟨-(e)adh#⟩, ⟨-(e)amh#⟩, ⟨-odh#⟩, e.g. *samhradh, ag bualadh, ag déanamh, mholfadh.*

/ʏ/   [ʏ̞]   Guta cruinn leathdhúnta gearr tulsáite, chun tosaigh ó bhunghuta 15, e.g. *cruth.*

Cloistear an fhóinéim seo, mar a mbeifí ag súil le /ʉː/ de réir an litrithe, i.e. nuair atá ⟨iúi⟩, ⟨iú⟩, ⟨úi⟩ nó ⟨ú⟩ sa leagan scríofa, i siollaí gan bhéim, e.g. *cultúr.* Bíonn sé seo i gceist i siollaí faoi bhéim in amanna freisin, e.g. *cúramach.*

/oː/   [oː]   Guta cruinn cúil leathdhúnta fada, gar do bhunghuta 7, e.g. *mór, tóg.*

/ʌ/   [ʌ̞]   Guta scartha cúil leathoscailte gearr tulsáite, chun tosaigh ó bhunghuta 14, e.g. *deoch.*

[ʌ]   Guta scartha cúil leathoscailte gearr, gar do bhunghuta 14, e.g. *dois, dos.*

Cloistear an fhóinéim seo, mar a mbeifí ag súil le /oː/ nó /ɔː/ de réir an litrithe, i.e. nuair atá ⟨eoi⟩, ⟨eo⟩, ⟨ói⟩ nó ⟨ó⟩ sa leagan scríofa, i siollaí gan bhéim, e.g. *fuinneog, trioblóid.* Bíonn sé seo i gceist i siollaí faoi bhéim in amanna freisin, e.g. *mórán.*

/ɔː/   [ɔː]   Guta cruinn cúil leathoscailte fada, gar do bhunghuta 6, e.g. *ceol, fód.*

An guta láir

/ə/   [ə]   Guta láir neodrach i bhfeidhmfhocail gan bhéim, e.g. *na*.

Cloistear an fhóinéim seo mar a mbeifí ag súil le guta gearr éigin de réir an litrithe, i gcomhthéacsanna coguasaithe i siollaí gan bhéim.

Défhoghair

/au/   [a̯u]   Défhoghar: ó ghuta scartha láir oscailte go dtí guta cruinn cúil dúnta, e.g. *tamhan*.

/ai/   [æi]   Défhoghar: ó ghuta scartha tosaigh neasoscailte go dtí guta scartha tosaigh dúnta, e.g. *meadhg*.

       [a̯i]   Défhoghar: ó ghuta scartha láir oscailte go dtí guta scartha tosaigh dúnta, e.g. *caighdeán*.

/ia/   [ia̯]   Défhoghar: ó ghuta scartha tosaigh dúnta go dtí guta scartha láir oscailte, e.g. *a Bhriain, Brian*.

Cloistear an fhóinéim seo, mar a mbeifí ag súil le /iː/ de réir an litrithe, i.e. nuair atá ⟨uío⟩ sa leagan scríofa, e.g. *buíochas*.

/ua/   [ua̯]   Défhoghar: ó ghuta cruinn cúil dúnta go dtí guta scartha láir oscailte, e.g. *cuain, cuan*.

4.4 Cleachtaí

A. Déan na focail seo a leanas a thras-scríobh de réir fhóineolaíocht chanúint Ghaoth Dobhair. Is féidir éisteacht leo ar líne ag www.fuaimeanna.ie:

amárach, aos, bain, boladh, bronn, ceist, cill, crainn, craol, crom, crua, deamhan, dlúthiúil, dois, dubh, feoil, fill, Gaeilge, gheall, leabhar, mill, mórán, naoi, pá, pingin, pionta, raon, roinn, Sadhbh, samhradh, seinn, stoic, talamh, taobh, tinn, urlár.

B. Déan na logainmneacha seo a leanas a thras-scríobh de réir fhóineolaíocht chanúint Ghaoth Dobhair. Is féidir éisteacht leo ar líne ag www.logainm.ie:

Ailt an Chorráin, Anagaire, An Bun Beag, An Cheathrú Chaol, Doirí Beaga, Dún Fionnachaidh, An Fál Carrach, Gaoth Dobhair, Gort an Choirce, Rann na Feirste.

5 Consain agus gutaí Ghaeilge na Ceathrún Rua

5.1 Fogharthacar consanta na canúna

Tugtar foghair chonsanta Ghaeilge na Ceathrún Rua i Léaráid 5.1. Is iad na siombailí a thugtar na cinn a mholtar a úsáid agus tras-scríobh fóinéimeach idir lámha ar chonsain na canúna seo.

	Liopach		Déadach		Ailbheolach	Ailbheol-charballach		Carballach		Coguasach		Glotach
Pléascach	p^γ	b^γ	$\underset{\sim}{t}^\gamma$	$\underset{\sim}{d}^\gamma$						k	g	
	p^j	b^j				$\underset{\sim}{t}^j$	$\underset{\sim}{d}^j$	c	ɟ			
Cuimilteach/	f^γ	w			s^γ					x	ɣ	h^γ
Neasach	f^j	v^j				ɕ		ç	j			h^j
Srónach	$\mathring{m}^\gamma$	m^γ	$\underset{\sim}{\mathring{n}}^\gamma$	$\underset{\sim}{n}^\gamma$	$\mathring{n}$	n				$\mathring{\eta}$	ŋ	
	$\mathring{m}^j$	m^j				$\underset{\sim}{\mathring{n}}^j$	$\underset{\sim}{n}^j$	$\mathring{ɲ}$	ɲ			
Cnagach/					$\mathring{r}^\gamma$	r^γ						
Neasach						$\mathring{r}^j$	r^j					
Taobhach			$\mathring{\underset{\sim}{l}}^\gamma$	$\underset{\sim}{l}^\gamma$	$\mathring{l}$	l						
						$\mathring{\underset{\sim}{l}}^j$	$\underset{\sim}{l}^j$					

Léaráid 5.1: Fogharthacar consanta Ghaeilge na Ceathrún Rua.

Tugtar péirí íosdifríochta chonsain Ghaeilge na Ceathrún Rua i dTábla 5.1. Tugtar na péirí íosdifríochta mar léiriú ar stádas fóinéimeach na gconsan seo sa chanúint seo. Cuirtear péirí neas-íosdifríochta idir lúibíní.

Fóinéimí	Péirí íosdifríochta
/pˠ–pʲ/	scóp:scóip
/bˠ–bʲ/	buí:bí; buíon:bíonn; bó:beo
/t̪ˠ–t̪ʲ/	tuí:tí
/d̪ˠ–d̪ʲ/	dó:deo
/k–c/	cúis:ciumhais; caor:cíor
/g–ɟ/	(gal:geal)
/fˠ–fʲ/	(faoi:figh)
/w–vʲ/	bhuí:bhí
/sˠ–ɕ/	suí:sí
/x–ç/	an chú:an chiú
/ɣ–j/	(an-ghal:an-gheal)
/mˠ–mʲ/	óm:óim; maoiniú:míniú
/n̪ˠ–n̪ʲ/	(naoi:nigh)
/ŋ–ɲ/	longa:loinge
/rˠ–rʲ/	cur:cuir
/l̪ˠ–l̪ʲ/	lón:leon; (luí:leigheas)
/pˠ–bˠ/	pá:bá; páistí:báistí
/pʲ–bʲ/	pinn:binn
/t̪ˠ–d̪ˠ/	ghreadfadh:ghreadadh
/t̪ʲ–d̪ʲ/	chreidfeadh:chreideadh; (itear:idir)
/k–g/	cá:gá
/c–ɟ/	ciall:giall
/fˠ–w/	fóta-:vóta
/fʲ–vʲ/	(figh:bhí)
/x–ɣ/	an-chaol:an-ghaol
/ç–j/	cheal:gheal

Tábla 5.1: Péirí íosdifríochta chonsain Ghaeilge na Ceathrún Rua.

Liopaigh choguasaithe

[ʷɯ]   Bíonn liopú tánaisteach [ʷ] i gceist, agus bíonn sleamhnóg [ɯ] le cloisteáil ina ndiaidh roimh ghuta tosaigh, e.g. *puiteach* [pˠʷʰɯɪt̪ʲʰəx], ach ní bhíonn roimh ghuta cúil, e.g. *póit* [pˠʰoːˈt̪ʲʰ].

[ᵊ]   I ndeireadh siolla, bíonn sleamhnóg [ᵊ] rompu tar éis guta tosaigh, e.g. *scríobtha* [ccɾʲiːᵊpˠʰɯiː], ach ní bhíonn tar éis guta cúil, e.g. *sop* [sʌpˠʰ].

/pˠ/   [pˠʰ]   Pléascach déliopach neamhghlórach coguasaithe análaithe: Gach comhthéacs, ach amháin tar éis /sˠ/.

        [pˠ]   Pléascach déliopach neamhghlórach coguasaithe: Tar éis /sˠ/.

/bˠ/   [bˠ]   Pléascach déliopach glórach coguasaithe.

/fˠ/   [fˠ]   Cuimilteach liopadhéadach neamhghlórach coguasaithe.

/w/   [w]   Neasach liopach-coguasach glórach coguasaithe.

        [vˠ]   Cuimilteach liopadhéadach glórach coguasaithe.

/m̥ˠ/   [m̥ˠ]   Srónach déliopach neamhghlórach coguasaithe.

/mˠ/   [mˠ]   Srónach déliopach glórach coguasaithe.

Liopaigh charballaithe

[ⁱ] Bíonn sleamhnóg [ⁱ] le cloisteáil ina ndiaidh roimh ghuta cúil, e.g. *pioc* [pʲʰⁱʌkʰ], ach ní bhíonn roimh ghuta tosaigh, e.g. *peata* [pʲʰat̪ˠʰə].

[ʲ] I ndeireadh siolla, bíonn sleamhnóg [ʲ] rompu tar éis guta cúil, e.g. *coipthe* [kʰʌʲpʲʰiː], ach ní bhíonn tar éis guta tosaigh, e.g. *blíp* [bʲliːpʲʰ].

/pʲ/   [pʲʰ]   Pléascach déliopach neamhghlórach carballaithe análaithe: Gach comhthéacs, ach amháin tar éis /sˠ/.

       [pʲ]   Pléascach déliopach neamhghlórach carballaithe: Tar éis /sˠ/.

/bʲ/   [bʲ]   Pléascach déliopach glórach carballaithe.

/fʲ/   [fʲ]   Cuimilteach liopadhéadach neamhghlórach carballaithe.

/vʲ/   [vʲ]   Cuimilteach liopadhéadach glórach carballaithe.

/m̥ʲ/   [m̥ʲ]   Srónach déliopach neamhghlórach carballaithe.

/mʲ/   [mʲ]   Srónach déliopach glórach carballaithe.

Corónaigh choguasaithe

[ᵚ] Bíonn sleamhnóg [ᵚ] le cloisteáil ina ndiaidh roimh ghuta tosaigh faoi bhéim, e.g. *tuí* [t̪̠ˠʰᵚiː], ach ní bhíonn roimh ghuta cúil ná oscailte, e.g. *tóin* [t̪̠ˠʰuːˈn̪̠ʲ].

[ᵊ] I ndeireadh siolla faoi bhéim, bíonn sleamhnóg [ᵊ] rompu tar éis guta tosaigh, e.g. *aos* [iːᵊs], ach ní bhíonn tar éis guta cúil, e.g. *fút* [fˠuːt̪̠ˠʰ].

/t̪̠ˠ/   [t̪̠ˠʰ]   Pléascach déadach neamhghlórach coguasaithe análaithe: Gach comhthéacs, ach amháin tar éis /sˠ/.

        [t̪̠ˠ]   Pléascach déadach neamhghlórach coguasaithe: Tar éis /sˠ/.

/d̪̠ˠ/   [d̪̠ˠ]   Pléascach déadach glórach coguasaithe.

/sˠ/   [sˠ]   Cuimilteach ailbheolach neamhghlórach coguasaithe.

/n̪̥̠ˠ/ [n̪̥̠ˠ]   Srónach déadach neamhghlórach coguasaithe.

/n̪̠ˠ/   [n̪̠ˠ]   Srónach déadach glórach coguasaithe.

/r̥ˠ/   [r̥ˠ]   Cnagach ailbheolach neamhghlórach coguasaithe.

/rˠ/   [rˠ]   Cnagach ailbheolach glórach coguasaithe.

/l̪̥̠ˠ/ [l̪̥̠ˠ]   Taobhach déadach neamhghlórach coguasaithe.

/l̪̠ˠ/   [l̪̠ˠ]   Taobhach déadach glórach coguasaithe.

Corónaigh charballaithe

[ⁱ]   Bíonn sleamhnóg [ⁱ] le cloisteáil ina ndiaidh roimh ghuta cúil faoi bhéim, e.g. *teocht* [t̪ʲʰiːxt̪ˠʰ], agus roimh ghuta tosaigh, e.g. *téad* [t̪ʲʰiːeːᵊd̪ˠ].

[ᶦ]   I ndeireadh siolla faoi bhéim, bíonn sleamhnóg [ᶦ] rompu tar éis guta cúil, e.g. *póit* [pˠʰoːˈt̪ʲʰ], ach ní bhíonn tar éis guta tosaigh, e.g. *ite* [ɪt̪ʲʰɛ].

/t̪ʲ/   [t̪ʲʰ]   Pléascach ailbheol-charballach neamhghlórach carballaithe análaithe: Gach comhthéacs ach amháin tar éis /ç/.

         [t̪ʲ]   Pléascach ailbheol-charballach neamhghlórach carballaithe: Tar éis /ç/.

/d̪ʲ/   [d̪ʲ]   Pléascach ailbheol-charballach glórach carballaithe.

/ç/   [ç]   Cuimilteach ailbheol-charballach neamhghlórach carballaithe.

/n̪̊/   [n̪̊]   Srónach ailbheolach neamhghlórach.

/n̪/   [n̪]   Srónach ailbheolach glórach.

/n̪̊ʲ/ [n̪̊ʲ] Srónach ailbheol-charballach neamhghlórach carballaithe.

/n̪ʲ/ [n̪ʲ] Srónach ailbheol-charballach glórach carballaithe. Tá an consan seo an-chosúil leis an gconsan san fhocal *onion* i mBéarla na hÉireann.

/r̪̊ʲ/ [r̪̊ʲ] Cnagach ailbheol-charballach neamhghlórach carballaithe.

/r̪ʲ/ [r̪ʲ] Cnagach ailbheol-charballach glórach carballaithe.

       [ʐ]   Cuimilteach ailbheol-charballach glórach carballaithe.

/l̪̊/   [l̪̊]   Taobhach ailbheolach neamhghlórach.

/l̪/   [l̪]   Taobhach ailbheolach glórach.

/l̪̊ʲ/ [l̪̊ʲ] Taobhach ailbheol-charballach neamhghlórach carballaithe.

/l̪ʲ/ [l̪ʲ] Taobhach ailbheol-charballach glórach carballaithe.

Dromaigh choguasaithe

[ɯ]   Bíonn sleamhnóg [ᵘ] le cloisteáil ina ndiaidh roimh ghuta tosaigh faoi bhéim, e.g. *cuil* [kʰᵘɯɪl], ach ní bhíonn roimh ghuta cúil, e.g. *cóisir* [kʰoːɕɪrʲ].

[ə]   I ndeireadh siolla faoi bhéim, bíonn sleamhnóg [ə] rompu tar éis guta tosaigh, e.g. *íoc* [iːəkʰ], ach ní bhíonn tar éis guta cúil, e.g. *poc* [pˠʰʌkʰ].

/k/   [kʰ]   Pléascach coguasach neamhghlórach coguasaithe análaithe: Gach comhthéacs ach amháin tar éis /sˠ/.

          [k]   Pléascach coguasach neamhghlórach coguasaithe: Tar éis /sˠ/.

/g/   [g]   Pléascach coguasach glórach coguasaithe.

/x/   [x]   Cuimilteach coguasach neamhghlórach coguasaithe.

/ɣ/   [ɣ]   Cuimilteach coguasach glórach coguasaithe.

/ŋ̊/   [ŋ̊]   Srónach coguasach neamhghlórach coguasaithe.

/ŋ/   [ŋ]   Srónach coguasach glórach coguasaithe.

Dromaigh charballaithe

[ⁱ]   Bíonn sleamhnóg [ⁱ] le cloisteáil ina ndiaidh roimh ghuta cúil nó oscailte faoi bhéim, e.g. *cearc* [cʰⁱaɾˠkʰ], ach ní bhíonn roimh ghuta tosaigh, e.g. *císte* [cʰiːɕt̪ʲɛ].

[ˈ]   I ndeireadh siolla faoi bhéim, bíonn sleamhnóg [ˈ] rompu tar éis guta cúil, e.g. *stoic* [sˠt̪ˠʌˈcʰ], ach ní bhíonn tar éis guta tosaigh, e.g. *seic* [ɕɛcʰ].

/c/   [cʰ]   Pléascach carballach neamhghlórach carballaithe análaithe: Gach comhthéacs ach amháin tar éis /ɕ/.

        [c]   Pléascach carballach neamhghlórach carballaithe: Tar éis /ɕ/.

/ɟ/   [ɟ]   Pléascach carballach glórach carballaithe.

/ɕ/   [ɕ]   Cuimilteach carballach neamhghlórach carballaithe.

/j/   [j]   Cuimilteach carballach glórach carballaithe.

/ɲ̊/   [ɲ̊]   Srónach carballach neamhghlórach carballaithe.

/ɲ/   [ɲ]   Srónach carballach glórach carballaithe.

Glotaigh choguasaithe

/hˠ/   [h]   Cuimilteach glotach neamhghlórach.

Glotaigh charballaithe

/hʲ/   [ˈh]   Guta scartha neastosaigh neasdúnta roimh chuimilteach glotach neamhghlórach.

5.2   Fogharthacar gutach na canúna

Tugtar fóinéimí gutacha Ghaeilge na Ceathrún Rua i Léaráid 5.2. Is iad na siombailí a thugtar anseo na cinn a mholtar a úsáid agus tras-scríobh fóinéimeach ar bun ar ghutaí na canúna seo. Más fearr leat siombailí traidisiúnta Ceiltíocha a úsáid, tá mapáil chucu ó na siombailí a thugtar anseo ar fáil san Aguisín.

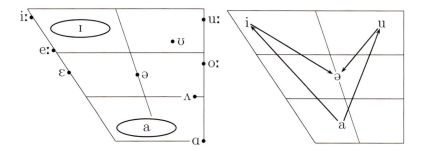

Léaráid 5.2: Fogharthacar gutach Ghaeilge na Ceathrún Rua.

Tugtar tacar neas-íosdifríochta na ngutaí i dTábla 5.2. Tugtar an tacar neas-íosdifríochta seo mar léiriú ar stádas fóinéimeach na ngutaí seo sa chanúint seo.

Guta	Sampla		
/iː/	crích	'finish' (tabharthach)	/cɾʲiːç/
/ɪ/	crios	'belt'	/cɾʲɪsˠ/
/eː/	cré	'soil'	/cɾʲeː/
/ɛ/	creid	'believe'	/cɾʲɛdʲ/
/ɑː/	crá	'anguish'	/kɾˠɑː/
/a/	craic	'fun'	/kɾˠac/
/oː/	cró	'hut'	/kɾˠoː/
/ʌ/	croch	'hang'	/kɾˠox/
/uː/	crú	'milking'	/kɾˠuː/
/ʊ/	cruth	'shape'	/kɾˠʊt̪ˠ/
/ai/	caighdeán	'standard'	/kaidʲɑːn̪ˠ/
/au/	camhraigh	'decay'	/kauɾˠə/
/iə/	criathar	'sieve'	/cɾʲiəhˠəɾˠ/
/uə/	crua	'hard'	/kɾˠuə/

Tábla 5.2: Focail shamplacha a léiríonn contrárthachtaí gutacha Ghaeilge na Ceathrún Rua.

Gutaí tosaigh

[_]   Bíonn siad aistarraingthe de bheagán taobh le consain choguasaithe, e.g. *daoine*.

/iː/   [iː]   Guta scartha tosaigh dúnta fada, gar do bhunghuta 1 (Féach Léaráid 3.2), e.g. *lín, líon, suímh, suíomh*.

Cloistear an fhóinéim seo nuair atá ⟨ao⟩ nó ⟨aoi⟩ sa leagan scríofa, e.g. *aon, naoi, naomh, saol, taobh*, ach amháin i gcás na bhfocal *aon* (aidiacht), *aonraic*, agus *aontú*.

Cloistear an fhóinéim seo, mar a mbeifí ag súil le /ɪ/, /ʌ/, nó /ʊ/ de réir an litrithe, i.e. nuair atá ⟨i⟩, ⟨oi⟩ nó ⟨ui⟩ sa leagan scríofa, i bhfocail áirithe roimh chonsain shondacha (srónaigh, neasaigh, taobhaigh), /l̠ʲ/, /mʲ/, /n̠ʲ/, etc., e.g. *im, simplí, binn, inseacht, droim, roinn, cuimse, muintir*, etc.

Cloistear an fhóinéim seo, mar a mbeifí ag súil le /ai/ de réir an litrithe, i.e. nuair atá ⟨aidh⟩ sa leagan scríofa, i siollaí faoi bhéim, e.g. *maidhm, snaidhm*.

/ɪ/   [ɪ]   Guta scartha neastosaigh neasdúnta gearr, e.g. *criticiúil, crios, cruidín*.

Cloistear an fhóinéim seo, mar a mbeifí ag súil le /ʌ/ de réir an litrithe, i.e. nuair atá ⟨io⟩ nó ⟨oi⟩ sa leagan scríofa, i siollaí faoi bhéim, e.g. *ciotach, coinnigh, coir, fios, gloine, oileán, pionsúr, pionta, soiléir, Stiofán, troime*.

/eː/   [eː]   Guta scartha tosaigh leathdhúnta fada, gar do bhunghuta 2, e.g. *béil, béal, Gaeil, Gael*.

/ɛ/   [ɛ]   Guta scartha tosaigh leathoscailte gearr, gar do bhunghuta 3, e.g. *deis, bhuel*.

Cloistear an fhóinéim seo, mar a mbeifí ag súil le /ʌ/ de réir an litrithe, i.e. nuair atá ⟨oi⟩ sa leagan scríofa, i siollaí faoi bhéim, e.g. *anoir, soir*.

Gutaí oscailte

/ɑː/   [ɑː]   Guta scartha cúil oscailte fada, de ghnáth, e.g. *a Sheáin, Seán, cás, cáis.*

[aː]   Guta scartha tosaigh neasoscailte fada, i bhfocail áirithe, e.g. *am.*

Cloistear an fhóinéim seo, mar a mbeifí ag súil le /a/ de réir an litrithe, i.e. nuair atá ⟨ea⟩, ⟨a⟩ nó ⟨ai⟩ sa leagan scríofa, i bhfocail áirithe roimh chonsain shondacha (srónaigh, neasaigh, taobhaigh), /l̠ˠ/, /l̠ʲ/, /mˠ/, /mʲ/, /n̠ˠ/, /n̠ʲ/, /rˠ/, /rʲ/, etc., e.g. *eaglais, tharla, caill, ceann, tairne, gearr, ard, paidrín,* etc.

/a/   [aˑ]   Guta scartha tosaigh neasoscailte leathfhada, i gcomhthéacs carballaithe de ghnáth, e.g. *ainm, aire, bean, cead, fear.*

[ɑ]   Guta scartha cúil oscailte gearr, i gcomhthéacsanna coguasaithe, e.g. *abair, capall, carraig, taca,* ach i gcomhthéacsanna carballaithe áirithe freisin, e.g. *baile, caint, gaineamh.*

[ɑˑ]   Guta scartha cúil oscailte leathfhada, i bhfocail áirithe, e.g. *balla.*

Cloistear an fhóinéim seo, mar a mbeifí ag súil le /ʌ/ de réir an litrithe, i.e. nuair atá ⟨oi⟩ nó ⟨o⟩ sa leagan scríofa, i bhfocail áirithe, e.g. *boladh, croith, folach, folamh, foscadh, goimh.*

Gutaí cúil

/uː/ [uː] Guta cruinn cúil dúnta fada, gar do bhunghuta 8, e.g. *tiúis, tiús, rúin, rún*.

/ʊ/ [ʊ] Guta cruinn neaschúil neasdúnta gearr, e.g. *fiuch, bun, ucht*.

Cloistear an fhóinéim seo, mar a mbeifí ag súil le /ʌ/ de réir an litrithe, i.e. nuair atá ⟨io⟩ sa leagan scríofa, i siollaí faoi bhéim, e.g. *giobal, iomarca, piocadh*.

Cloistear an fhóinéim seo roimh /mˠ/ nó /n̪ˠ/, mar a mbeifí ag súil le /ʌ/ de réir an litrithe, i.e. nuair atá ⟨o⟩ sa leagan scríofa, i siollaí faoi bhéim, e.g. *dona, ronnach*.

/oː/ [oː] Guta cruinn cúil leathdhúnta fada, gar do bhunghuta 7, e.g. *bó, mór, ól, tóg*.

/ʌ/ [ʌ] Guta scartha cúil leathoscailte gearr, gar do bhunghuta 14, e.g. *deoch*.

Cloistear an fhóinéim seo roimh /x/, mar a mbeifí ag súil le /ʊ/ de réir an litrithe, i.e. nuair atá ⟨u⟩ sa leagan scríofa, i siollaí faoi bhéim, e.g. *luch, lucht, ucht*, agus i roinnt focal eile, iasachtaí ina measc, e.g. *culaith, curach, club*.

An guta láir

/ə/   [ə]   Guta láir neodrach i bhfeidhmfhocail gan bhéim, e.g. *an, na, gur, arb.*

Cloistear an fhóinéim seo mar a mbeifí ag súil le guta gearr éigin de réir an litrithe, i gcomhthéacsanna coguasaithe i siollaí gan bhéim.

Cloistear an fhóinéim seo mar a mbíonn na moirféimí ⟨-(e)adh#⟩, ⟨-(e)amh#⟩, ⟨-odh#⟩, e.g. *samhradh, ag bualadh, ag déanamh,* ach amháin san aimsir ghnáthchaite nó sa mhodh coinníollach nó ordaitheach.

Défhoghair

/au/   [a̯u]   Défhoghar: ó ghuta scartha láir oscailte go dtí guta cruinn cúil dúnta, e.g. *deamhain, deamhan, tamhain, tamhan.*

/ai/   [a̯i]   Défhoghar: ó ghuta scartha láir oscailte go dtí guta scartha tosaigh dúnta, e.g. *caighdeán.*

/iə/   [iə]   Défhoghar: ó ghuta scartha tosaigh dúnta go dtí guta láir, e.g. *a Bhriain, Brian.*

/uə/   [uə]   Défhoghar: ó ghuta cruinn cúil dúnta go dtí guta láir, e.g. *cuain, cuan.*

5.3 Cleachtaí

A. Déan na focail seo a leanas a thras-scríobh de réir fhóineolaíocht chanúint na Ceathrún Rua. Is féidir éisteacht leo ar líne ag www.fuaimeanna.ie:

amárach, aos, bain, boladh, bronn, ceist, cill, crainn, craol, crom, crua, deamhan, dlíthiúil, dois, dubh, feoil, fill, Gaeilge, gheall, leabhar, mill, mórán, naoi, pá, pingin, pionta, raon, roinn, Sadhbh, samhradh, seinn, stoic, talamh, taobh, tinn, urlár.

B. Déan na logainmneacha seo a leanas a thras-scríobh de réir fhóineolaíocht chanúint na Ceathrún Rua. Is féidir éisteacht leo ar líne ag www.logainm.ie:

Baile na hAbhann, Camas, Carna, Casla, An Cheathrú Rua, Cois Fharraige, Na Forbacha, Inis Oírr, Ros Muc, An Spidéal.

6 Consain agus gutaí Ghaeilge Chorca Dhuibhne

6.1 Fogharthacar consanta na canúna

Tugtar foghair chonsanta Ghaeilge Chorca Dhuibhne i Léaráid 6.1. Is iad na siombailí a thugtar na cinn a mholtar a úsáid agus tras-scríobh fóinéimeach idir lámha ar chonsain na canúna seo.

	Liopach	Déadach	Ailbheolach	Ailbheol-charballach	Carballach	Coguasach	Glotach
Pléascach	pˠ bˠ pʲ bʲ	t̪ˠ d̪ˠ	tʲ dʲ		c ɟ	k g	
Cuimilteach	fˠ vˠ fʲ vʲ		sˠ ʃ		ç j	x ɣ	hˠ hʲ
Srónach	mˠ mˠ mʲ mʲ	n̪ˠ n̪ˠ	nʲ nʲ		ɲ̊ ɲ	ŋ̊ ŋ	
Cnagach/Neasach			r̥ˠ rˠ r̥ʲ rʲ				
Taobhach		l̪ˠ l̪ˠ	l̥ʲ lʲ				

Léaráid 6.1: Fogharthacar consanta Ghaeilge Chorca Dhuibhne.

Tugtar péirí íosdifríochta chonsain Ghaeilge Chorca Dhuibhne i dTábla 6.1. Tugtar na péirí íosdifríochta mar léiriú ar stádas fóinéimeach na gconsan seo sa chanúint seo. Cuirtear péirí neas-íosdifríochta idir lúibíní.

Fóinéimí	Péirí íosdifríochta
/pˠ–pʲ/	scóp:scóip
/bˠ–bʲ/	buí:bí; buíon:bíonn; bó:beo
/t̪ˠ–tʲ/	tuí:tí
/d̪ˠ–dʲ/	dó:deo
/k–c/	cúis:ciumhais
/g–ɟ/	gal:geal
/fˠ–fʲ/	fóill:feoil
/vˠ–vʲ/	bhuí:bhí
/sˠ–ɕ/	suí:sí
/x–ç/	an chú:an chiú
/ɣ–j/	an-ghal:an-gheal
/mˠ–mʲ/	óm:óim
/n̪ˠ–nʲ/	(naoi:néal)
/ŋ–ɲ/	longa:loinge
/rˠ–rʲ/	cur:cuir
/l̪ˠ–lʲ/	lón:leon
/pˠ–bˠ/	pá:bá; páistí:báistí
/pʲ–bʲ/	pinn:binn
/tˠ–dˠ/	ghreadfadh:ghreadadh
/tʲ–dʲ/	chreidfeadh:chreideadh; (itear:idir)
/k–g/	cad:gad
/c–ɟ/	ciall:giall
/fˠ–vˠ/	fóta-:vóta
/fʲ–vʲ/	(figh:bhí)
/x–ɣ/	an-chaol:an-ghaol
/ç–j/	cheal:gheal

Tábla 6.1: Péirí íosdifríochta chonsain Ghaeilge Chorca Dhuibhne.

Liopaigh choguasaithe

[ʷᵚ]   Bíonn liopú tánaisteach [ʷ] i gceist, agus bíonn sleamhnóg [ᵚ] le cloisteáil ina ndiaidh roimh ghuta tosaigh, e.g. *puiteach* [pˠʷʰᵚɪtʲəx], ach ní bhíonn roimh ghuta cúil, e.g. *póit* [pˠʰoːˈtʲʰ].

[ə]   I ndeireadh siolla, bíonn sleamhnóg [ə] rompu tar éis guta tosaigh, e.g. *scríobtha* [ʃcɾʲiːəpˠʰəhʲɛ], ach ní bhíonn tar éis guta cúil, e.g. *sop* [sʌpˠʰ].

/pˠ/   [pˠʰ]   Pléascach déliopach neamhghlórach coguasaithe análaithe: Gach comhthéacs, ach amháin tar éis /sˠ/.

        [pˠ]   Pléascach déliopach neamhghlórach coguasaithe: Tar éis /sˠ/.

/bˠ/   [bˠ]   Pléascach déliopach glórach coguasaithe.

/fˠ/   [fˠ]   Cuimilteach liopadhéadach neamhghlórach coguasaithe.

        [h]   Cuimilteach glotach neamhghlórach.

/vˠ/   [vˠ]   Cuimilteach liopadhéadach glórach coguasaithe.

/m̥ˠ/   [m̥ˠ]   Srónach déliopach neamhghlórach coguasaithe.

/mˠ/   [mˠ]   Srónach déliopach glórach coguasaithe.

Liopaigh charballaithe

[ⁱ] Bíonn sleamhnóg [ⁱ] le cloisteáil ina ndiaidh roimh ghuta cúil, e.g. *pioc* [pʲʰⁱʌkʰ], ach ní bhíonn roimh ghuta tosaigh, e.g. *peata* [pʲʰat̪ˠʰə].

[ᶦ] I ndeireadh siolla, bíonn sleamhnóg [ᶦ] rompu tar éis guta cúil, e.g. *coipthe* [kʰʌᶦpʲʰəhʲɛ], ach ní bhíonn tar éis guta tosaigh, e.g. *blíp* [bʲlʲiːpʲʰ].

/pʲ/	[pʲʰ]	Pléascach déliopach neamhghlórach carballaithe análaithe: Gach comhthéacs, ach amháin tar éis /sˠ/.
	[pʲ]	Pléascach déliopach neamhghlórach carballaithe: Tar éis /sˠ/.
/bʲ/	[bʲ]	Pléascach déliopach glórach carballaithe.
/fʲ/	[fʲ]	Cuimilteach liopadhéadach neamhghlórach carballaithe.
/vʲ/	[vʲ]	Cuimilteach liopadhéadach glórach carballaithe.
/m̥ʲ/	[m̥ʲ]	Srónach déliopach neamhghlórach carballaithe.
/mʲ/	[mʲ]	Srónach déliopach glórach carballaithe.

Corónaigh choguasaithe

[ᵚ]   Bíonn sleamhnóg [ᵚ] le cloisteáil ina ndiaidh roimh ghuta tosaigh faoi bhéim, e.g. *tuí* [t̪ˠʰᵚiː], ach ní bhíonn roimh ghuta cúil ná oscailte, e.g. *tóin* [t̪ˠʰoːˈnʲ].

[ᵊ]   I ndeireadh siolla faoi bhéim, bíonn sleamhnóg [ᵊ] rompu tar éis guta tosaigh, e.g. *aos* [eːᵊs], ach ní bhíonn tar éis guta cúil, e.g. *fút* [fˠuːt̪ˠʰ].

/t̪ˠ/   [t̪ˠʰ]   Pléascach déadach neamhghlórach coguasaithe análaithe: Gach comhthéacs, ach amháin tar éis /sˠ/.

      [t̪ˠ]   Pléascach déadach neamhghlórach coguasaithe: Tar éis /sˠ/.

/d̪ˠ/   [d̪ˠ]   Pléascach déadach glórach coguasaithe.

/sˠ/   [sˠ]   Cuimilteach ailbheolach neamhghlórach coguasaithe.

/n̪̊ˠ/   [n̪̊ˠ]   Srónach déadach neamhghlórach coguasaithe.

/n̪ˠ/   [n̪ˠ]   Srónach déadach glórach coguasaithe.

/r̥ˠ/   [r̥ˠ]   Cnagach ailbheolach neamhghlórach coguasaithe.

/rˠ/   [rˠ]   Cnagach ailbheolach glórach coguasaithe.

/l̪̊ˠ/   [l̪̊ˠ]   Taobhach déadach neamhghlórach coguasaithe.

/l̪ˠ/   [l̪ˠ]   Taobhach déadach glórach coguasaithe.

Corónaigh charballaithe

[ⁱ]   Bíonn sleamhnóg [ⁱ] le cloisteáil ina ndiaidh roimh ghuta cúil faoi bhéim, e.g. *teocht* [tʲʰⁱoːxt̪ˠʰ], agus roimh ghuta tosaigh, e.g. *téad* [tʲʰⁱeːᵊd̪ˠ].

[ᶦ]   I ndeireadh siolla faoi bhéim, bíonn sleamhnóg [ᶦ] rompu tar éis guta cúil, e.g. *póit* [pˠʰoːˈtʲʰ], ach ní bhíonn tar éis guta tosaigh, e.g. *ite* [ɪtʲʰɛ].

/tʲ/	[tʲʰ]	Pléascach ailbheolach neamhghlórach carballaithe análaithe: Gach comhthéacs ach amháin tar éis /ʃ/.
	[tʲ]	Pléascach ailbheolach neamhghlórach carballaithe: Tar éis /ʃ/.
/dʲ/	[dʲ]	Pléascach ailbheolach glórach carballaithe.
/ɕ/	[ɕ]	Cuimilteach ailbheol-charballach neamhghlórach carballaithe.
/n̥ʲ/	[n̥ʲ]	Srónach ailbheol-charballach neamhghlórach carballaithe.
/nʲ/	[nʲ]	Srónach ailbheol-charballach glórach carballaithe.
/r̥ʲ/	[r̥ʲ]	Cnagach ailbheol-charballach neamhghlórach carballaithe.
/rʲ/	[rʲ]	Cnagach ailbheol-charballach glórach carballaithe.
	[ʑ]	Cuimilteach ailbheol-charballach glórach carballaithe.
/l̥ʲ/	[l̥ʲ]	Taobhach ailbheol-charballach neamhghlórach carballaithe.
/lʲ/	[lʲ]	Taobhach ailbheol-charballach glórach carballaithe.

Dromaigh choguasaithe

[ᵾ]   Bíonn sleamhnóg [ᵾ] le cloisteáil ina ndiaidh roimh ghuta tosaigh faoi bhéim, e.g. *cuil* [kʰᵾɪlʲ], ach ní bhíonn roimh ghuta cúil, e.g. *cóisir* [kʰoːˈʃɪɾʲ].

[ᵊ]   I ndeireadh siolla faoi bhéim, bíonn sleamhnóg [ᵊ] rompu tar éis guta tosaigh, e.g. *íoc* [iːᵊkʰ], ach ní bhíonn tar éis guta cúil, e.g. *poc* [pˠʰʌkʰ].

/k/	[kʰ]	Pléascach coguasach neamhghlórach coguasaithe análaithe: Gach comhthéacs ach amháin tar éis /sˠ/.
	[k]	Pléascach coguasach neamhghlórach coguasaithe: Tar éis /sˠ/.
/g/	[g]	Pléascach coguasach glórach coguasaithe.
/x/	[x]	Cuimilteach coguasach neamhghlórach coguasaithe.
/ɣ/	[ɣ]	Cuimilteach coguasach glórach coguasaithe.
/ŋ̊/	[ŋ̊]	Srónach coguasach neamhghlórach coguasaithe.
/ŋ/	[ŋ]	Srónach coguasach glórach coguasaithe.

Dromaigh charballaithe

[ⁱ]   Bíonn sleamhnóg [ⁱ] le cloisteáil ina ndiaidh roimh ghuta cúil nó oscailte faoi bhéim, e.g. *cearc* [cʰⁱaɾˠkʰ], ach ní bhíonn roimh ghuta tosaigh, e.g. *císte* [cʰiːʃtʲɛ].

[ˈ]   I ndeireadh siolla faoi bhéim, bíonn sleamhnóg [ˈ] rompu tar éis guta cúil, e.g. *stoic* [sˠt̪ˠʌˈcʰ], ach ní bhíonn tar éis guta tosaigh, e.g. *seic* [ʃɛcʰ].

/c/   [cʰ]   Pléascach carballach neamhghlórach carballaithe análaithe: Gach comhthéacs ach amháin tar éis /ʃ/.

       [c]   Pléascach carballach neamhghlórach carballaithe: Tar éis /ʃ/.

/ɟ/   [ɟ]   Pléascach carballach glórach carballaithe.

/ç/   [ç]   Cuimilteach carballach neamhghlórach carballaithe.

/j/   [j]   Cuimilteach carballach glórach carballaithe.

/ɲ̊/   [ɲ̊]   Srónach carballach neamhghlórach carballaithe.

/ɲ/   [ɲ]   Srónach carballach glórach carballaithe.

Glotaigh choguasaithe

/hˠ/   [h]   Cuimilteach glotach neamhghlórach.

Glotaigh charballaithe

/hʲ/   [ʰh]   Guta scartha neastosaigh neasdúnta roimh chuimilteach glotach neamhghlórach.

6.2 Fogharthacar gutach na canúna

Tugtar fóinéimí gutacha Ghaeilge Chorca Dhuibhne i Léaráid 6.2. Is iad na siombailí a thugtar anseo na cinn a mholtar a úsáid agus tras-scríobh fóinéimeach ar bun ar ghutaí na canúna seo. Más fearr leat siombailí traidisiúnta Ceiltíocha a úsáid, tá mapáil chucu ó na siombailí a thugtar anseo ar fáil san Aguisín.

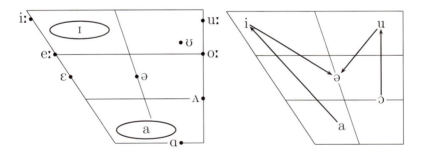

Léaráid 6.2: Fogharthacar gutach Ghaeilge Chorca Dhuibhne.

Tugtar tacar neas-íosdifríochta na ngutaí i dTábla 6.2. Tugtar an tacar neas-íosdifríochta seo mar léiriú ar stádas fóinéimeach na ngutaí seo sa chanúint seo.

Guta	Sampla		
/iː/	crích	'finish' (tabharthach)	/cɾʲiː/
/ɪ/	crith	'shake'	/cɾʲɪhʲ/
/eː/	cré	'soil'	/cɾʲeː/
/ɛ/	creid	'believe'	/cɾʲɛdʲ/
/ɑː/	crá	'anguish'	/kɾˠɑː/
/a/	craic	'fun'	/kɾˠac/
/oː/	cró	'hut'	/kɾˠoː/
/ʌ/	croch	'hang'	/kɾˠox/
/uː/	crú	'milking'	/kɾˠuː/
/ʊ/	cruth	'shape'	/kɾˠʊhˠ/
/ai/	caighdeán	'standard'	/kaidʲɑːn̥ˠ/
/au/	cabhraigh	'help'	/kauɾˠɪɟ/
/iə/	criathar	'sieve'	/cɾʲiəhˠəɾˠ/
/uə/	crua	'hard'	/kɾˠuə/

Tábla 6.2: Focail shamplacha a léiríonn contrárthachtaí gutacha Ghaeilge Chorca Dhuibhne.

Gutaí tosaigh

[ˍ] Bíonn siad aistarraingthe de bheagán le taobh consain choguasaithe, e.g. *daoine*.

[¨] Bíonn siad láraithe de bheagán idir dhá chonsan choguasaithe, e.g. *caora*.

/iː/   [iː]   Guta scartha tosaigh dúnta fada, gar do bhunghuta 1 (Féach Léaráid 3.2), e.g. *lín, líon, suímh, suíomh*.

Cloistear an fhóinéim seo, mar a mbeifí ag súil le /ɪ/, /ʌ/, nó /ʊ/ de réir an litrithe, i.e. nuair atá ⟨i⟩, ⟨oi⟩ nó ⟨ui⟩ sa leagan scríofa, i bhfocail áirithe roimh chonsain shondacha (srónaigh, neasaigh, taobhaigh), /l̪ʲ/, /mʲ/, /n̪ʲ/, etc., e.g. *cill, im, simplí, binn, cuimse, muintir*, etc.

/ɪ/   [ɪ]   Guta scartha neastosaigh neasdúnta gearr, e.g. *criticiúil, crios, cruidín*.

Cloistear an fhóinéim seo, mar a mbeifí ag súil le /ʌ/ de réir an litrithe, i.e. nuair atá ⟨io⟩ nó ⟨oi⟩ sa leagan scríofa, i siollaí faoi bhéim, e.g. *coinnigh, coir, fios, gloine, oileán, Stiofán, troime*.

/eː/   [eː]   Guta scartha tosaigh leathdhúnta fada, gar do bhunghuta 2, e.g. *béil, Gaeil, Gael*.

       [ia]   Défhoghar: ó ghuta scartha tosaigh dúnta go dtí guta scartha tosaigh oscailte, e.g. *béal, éan, féar*.

/ɛ/   [ɛ]   Guta scartha tosaigh leathoscailte gearr, gar do bhunghuta 3, e.g. *deis, bhuel*.

Gutaí oscailte

/ɑː/   [ɑː]   Guta scartha cúil oscailte fada, de ghnáth, e.g. *a Sheáin*, *Seán*, *cás*, *cáis*.

Cloistear an fhóinéim seo, mar a mbeifí ag súil le /a/ de réir an litrithe, i.e. nuair atá ⟨ea⟩ nó ⟨a⟩ sa leagan scríofa, i bhfocail áirithe roimh chonsain chnagacha choguasaithe, /rˠ/, e.g. *barr*, *gearr*, etc.

/a/   [a]   Guta scartha tosaigh neasoscailte gearr, i gcomhthéacs carballaithe de ghnáth, e.g. *ainm*, *aire*, *bean*, *cead*, *fear*.

        [ɑ]   Guta scartha cúil oscailte gearr, i gcomhthéacsanna coguasaithe, e.g. *abair*, *balla*, *capall*.

Gutaí cúil

/uː/   [uː]   Guta cruinn cúil dúnta fada, gar do bhunghuta 8, e.g. *tiúis, tiús, rúin, rún*.

/ʊ/   [ʊ]   Guta cruinn neaschúil neasdúnta gearr, e.g. *fiuch, ucht*.

/oː/   [oː]   Guta cruinn cúil leathdhúnta fada, gar do bhunghuta 7, e.g. *bó, ól, tóg*.

/ʌ/   [ʌ]   Guta scartha cúil leathoscailte gearr, gar do bhunghuta 14, e.g. *deoch, dos*.

An guta láir

/ə/   [ə]   Guta láir neodrach i bhfeidhmfhocail gan bhéim, e.g. *an, na, gur*.

Cloistear an fhóinéim seo mar a mbeifí ag súil le guta gearr éigin de réir an litrithe, i gcomhthéacsanna coguasaithe i siollaí gan bhéim.

Cloistear an fhóinéim seo mar a mbíonn an mhoirféim ⟨-(e)adh#⟩, e.g. *samhradh, ag bualadh*, ach amháin san aimsir ghnáthchaite nó sa mhodh coinníollach nó ordaitheach.

Défhoghair

/ɔu/   [ɔu]   Défhoghar: ó ghuta cruinn cúil leathoscailte go dtí guta cruinn cúil dúnta, e.g. *deamhan, tamhan*.

[a̠u]   Défhoghar: ó ghuta scartha láir oscailte go dtí guta cruinn cúil dúnta, e.g. *deamhain*.

/ai/   [a̠i]   Défhoghar: ó ghuta scartha láir oscailte go dtí guta scartha tosaigh dúnta, e.g. *caighdeán*.

/iə/   [iə]   Défhoghar: ó ghuta scartha tosaigh dúnta go dtí guta láir, e.g. *a Bhriain, Brian*.

/uə/   [uə]   Défhoghar: ó ghuta cruinn cúil dúnta go dtí guta láir, e.g. *cuain, cuan*.

6.3 Cleachtaí

A. Déan na focail seo a leanas a thras-scríobh de réir fhóineolaíocht chanúint Chorca Dhuibhne. Is féidir éisteacht leo ar líne ag www.fuaimeanna.ie:

amárach, aos, bain, boladh, bronn, ceist, cill, crainn, craol, crom, crua, deamhan, dlíthiúil, dois, dubh, feoil, fill, Gaeilge, gheall, leabhar, mill, mórán, naoi, pá, pingin, pionta, raon, roinn, Sadhbh, samhradh, seinn, stoic, talamh, taobh, tinn, urlár.

B. Déan na logainmneacha seo a leanas a thras-scríobh de réir fhóineolaíocht chanúint Chorca Dhuibhne. Is féidir éisteacht leo ar líne ag www.logainm.ie:

Baile an Fheirtéaraigh, Baile na nGall, Baile an Sceilg, Beiginis, Corca Dhuibhne, An Doirín, Dún Chaoin, An Fheothanach, Fionntrá, Uíbh Ráthach.

7 Litriú na Gaeilge

7.1 Réamhrá

Cé go bhfuil córas litrithe na Gaeilge réasúnta teimhneach (míshoiléir) ó thaobh mapála idir litriú agus fuaimniú, tá an mhapáil seo réasúnta rialta. Más ea, is féidir rialacha a leagan amach maidir leis an mapáil, agus sa chaibidil seo déantar é seo i gcomhthéacs na gcanúintí atá pléite. Déantar an cur síos i dtéarmaí graiféimí. Is éard atá i gceist le graiféim ná litir nó sraith litreacha ortagrafacha. Scríobhtar graiféimí idir lúibíní uilleacha, mar shampla ⟨a⟩.

Baineann cuid den teimhneacht leis an trédhearcacht moirfeolaíochta atá mar thréith ag córas ortagrafach na Gaeilge. Smaoinigh mar shampla ar athruithe tosaigh sa Ghaeilge. Tarlaíonn athrú tosaigh ar fhocail sa Ghaeilge i gcomhthéacsanna áirithe gramadaí. Is é sin, ionadaítear túschonsan focail le consan eile, nó cuirtear consan roimh thúsghuta, i gcomhthéacsanna áirithe. Mar shampla, nuair a leanann an focal *cuisneoir* an réamhfhocal *i*, athraíonn an túschonsan ó /k/ go /g/. An rud a tharlaíonn sa litriú, áfach, ná go scríobhtar an dá chonsan, i.e. *i gcuisneoir*. Sampla é seo den teimhneacht fóineolaíochta i dteannta na trédhearcachta moirfeolaíochta, i.e. léiríonn an litriú an struchtúr moirfeolaíochta go soiléir ach ní léiríonn sé an fuaimniú. Tá an teimhneacht chéanna i gceist i gcás foircinn bhriathartha, e.g. *tógtha* /t̪ˠoːkiː/ (CR).

7.2 Graiféimí consanta

Mar atá pléite, bíonn consain na Gaeilge coguasaithe go fóinéimeach nó carballaithe go fóinéimeach. Is deacair an t-idirdhealú fóinéimeach seo a chur in iúl trí chóras litrithe de bhunadh Rómhánach ina bhfuil 13 siombail chonsanta (b, c, d, f, g, h, l, m, n, p, r, s, t) agus nach n-úsáideann comharthaí idirdhealaitheacha consanta. Tá suas le 34 consan sa Ghaeilge is féidir a eagrú ina bpéirí coguasaithe–carballaithe. Sa bhreis air seo, is féidir suas le 12 teascán shondacha neamhghlóracha teacht chun cinn i gcomhthéacsanna áirithe gramadaí (e.g. *bronnfaidh* /bˠrˠʌn̥ˠə/ (CR)).

Ós rud é nach n-úsáidtear comharthaí idirdhealaitheacha consanta, déantar an t–idirdhealúchán coguasaithe go fóinéimeach/carballaithe go fóinéimeach a chur in iúl tríd an tsiombail ghutach chóngarach. Má tharlaíonn siombail chonsanta taobh le ⟨a⟩, ⟨á⟩, ⟨o⟩, ⟨ó⟩, ⟨u⟩, nó ⟨ú⟩, seasann sí do chonsan atá coguasaithe go fóinéimeach. Má tharlaíonn siombail chonsanta taobh le ⟨e⟩, ⟨é⟩, ⟨i⟩, nó ⟨í⟩, seasann sí do chonsan atá carballaithe go fóinéimeach. Mar shampla, tosaíonn *Sadhbh*, ainm Gaeilge mná, leis an bhfóinéim /sˠ/ (CD), cé go dtosaíonn *Seán*, ainm Gaeilge fir, leis an bhfóinéim /ʃ/ (CD). Is léir gur dhá fhóinéim ar leith iad an dá chonsan shiosacha seo (/sˠ/ ~ /ʃ/ *suí* /sˠiː/ *sí* /ʃiː/).

Má thagann consain i gceist i mbraisle, beidh comhaontú idir na consain ó thaobh cáilíochta foghraíochta. Tá roinnt eisceachtaí ann, áfach. Bíonn ⟨s⟩ i dtús focail coguasaithe go fóinéimeach i gcónaí roimh ⟨f⟩, ⟨m⟩, nó ⟨p⟩ (e.g. *sféar, sméar, spéir*). Bíonn ⟨r⟩ coguasaithe go fóinéimeach i gcónaí i dtús focail nó roimh ⟨d⟩, ⟨l⟩, ⟨n⟩, ⟨t⟩, nó ⟨s⟩.

Cuirtear díghlórú consan sondach in iúl sa litriú trí 'th' nó 'f' a chur tar éis na litreach a sheasfadh don sondach glórach de ghnáth, nó 'sh' a chur roimpi. Mar shampla, seasann ⟨m⟩ do *chonsan srónach déliopach glórach* (/mˠ/ nó /mʲ/) leis féin. Ach seasann ⟨mth⟩ do *chonsan srónach déliopach neamhghlórach* (/m̥ˠ/ nó /m̥ʲ/), mar atá in *cromtha* /krˠʌm̥ˠə/ (CD), mar shampla.

I gcóras ina léirítear consain agus braislí consan le teaglaim de litreacha consanta agus gutacha, tá córas na sraitheanna gutaí ortagrafacha sa Ghaeilge, a dhéanann cáilíocht an ghuta agus cáilíocht na gconsan cóngarach a chódú, an-chasta. Mar shampla, tosaíonn an focal *sleáin* le 'sleá'. Fuaimnítear é seo mar /ʃlʲɑː/ (CD), mar a gcuireann an litir 'e' in iúl go seasann ⟨s⟩ agus ⟨l⟩ do chonsain atá carballaithe go fóinéimeach. D'fhéadfaí caitheamh leis an 'e' mar chuid de ghraiféim chonsanta neamhleanúnach, ach ní dhéantar amhlaidh anseo. Glactar leis sa saothar seo go seasann an ghraiféim ⟨s⟩ do /sˠ/ agus /ʃ/, agus fágtar an 'e' mar chuid den ghraiféim ghutach. Déantar cur síos ar an gcóras graiféimeach gutach i Rannóg 7.3. Déantar an córas graiféimeach consanta a léiriú i dTáblaí 7.1–7.13. Tá na táblaí in ord aibítre de réir chéadlitir na graiféime.

Graiféim	Fóinéim	Sampla	GD	CR	CD
⟨b⟩	/bˠ/	gob	/gʌbˠ/	/gʌbˠ/	/gʌbˠ/
⟨b⟩	/bʲ/	foirb	/fˠʌɾʲbʲ/	/fˠɪɾʲbʲ/	/fˠɪɾʲbʲ/
⟨bf⟩	/pˠ/	gobfaidh	/gʌpˠiː/	/gʌpˠə/	/gʌpˠɪɟ/
⟨bf⟩	/pʲ/	foirbfidh	/fˠʌɾʲpʲiː/	/fˠɪɾʲpʲə/	/fˠɪɾʲpʲɪɟ/
⟨bh⟩	/w/ /w/ /vˠ/	díobh	/dʲiːw/	/dʲiːw/	/dʲiːvˠ/
⟨bh⟩	/vʲ/	díbh	/dʲiːvʲ/	/dʲiːvʲ/	/dʲiːvʲ/
⟨bhf⟩	/fˠ/	díobhfaidh	/dʲiːfˠiː/	/dʲiːfˠə/	—
⟨bhf⟩	/fʲ/	díbhfidh	/dʲiːfʲiː/	/dʲiːfʲɛ/	—
⟨bth⟩	/pˠ/	gobtha	/gʌpˠə/	/gʌpˠiː/	/gʌpˠəhʲɛ/
⟨bth⟩	/pʲ/	foirbthe	/fˠʌɾʲpʲɛ/	/fˠɪɾʲpʲiː/	/fˠɪɾʲpʲəhʲɛ/

Tábla 7.1: Graiféimí consanta dar tús ⟨b⟩

Graiféim	Fóinéim	Sampla	GD	CR	CD
⟨c⟩	/k/	íoc	/iːk/	/iːk/	/iːk/
⟨c⟩	/c/	feic	/fʲɛc/	/fʲɛc/	/fʲɛc/
⟨cf⟩	/k/	íocfaidh	/iːkiː/	/iːkə/	/iːkɪɟ/
⟨cf⟩	/c/	feicfidh	/fʲɛciː/	/fʲɛcə/	/fʲɛcɪɟ/
⟨ch⟩	/x/	múch	/mˠuːx/	/mˠux/	/mˠuːx/
⟨ch⟩	/ç/	cloicheán	—	/kl̥ˠʌçaːn̥ˠ/	—
⟨chf⟩	/x/	múchfaidh	/mˠuːxiː/	/mˠuxə/	/mˠuːxɪɟ/
⟨chf⟩	/ç/	sroichfidh	—	/sˠɾˠɪçə/	—
⟨cth⟩	/k/	íoctha	/iːkə/	/iːkiː/	/iːkəhʲɛ/
⟨cth⟩	/c/	feicthe	/fʲɛcɛ/	/fʲɛciː/	/fʲɛcəhʲɛ/

Tábla 7.2: Graiféimí consanta dar tús ⟨c⟩

Graiféim	Fóinéim	Sampla	GD	CR	CD
⟨d⟩	/d̪ˠ/	stad	/sˠt̪ˠad̪ˠ/	/sˠt̪ˠad̪ˠ/	/sˠt̪ˠad̪ˠ/
⟨d⟩	/d̪ʲ/ /d̪ʲ/ /d̪ʲ/	séid	/ɕe:d̪ʲ/	/ɕe:d̪ʲ/	/ʃe:d̪ʲ/
⟨df⟩	/t̪ˠ/	stadfaidh	/sˠt̪ˠat̪ˠi:/	/sˠt̪ˠat̪ˠə/	/sˠt̪ˠat̪ˠɪʝ/
⟨df⟩	/t̪ʲ/ /t̪ʲ/ /t̪ʲ/	séidfidh	/ɕe:t̪ʲi:/	/ɕe:t̪ʲə/	/ʃe:t̪ʲɪʝ/
⟨dh⟩	/ɣ/	dhún	/ɣu:n̪ˠ/	/ɣu:n̪ʲ/	/ɣu:n̪ˠ/
⟨dh⟩	/j/ /j/ /j/	dhiúl	/juːl̪ˠ/	/juːl̪ˠ/	/juːl̪ˠ/
⟨dt⟩	/t̪ˠ/	stadta	/sˠt̪ˠat̪ˠə/	/sˠt̪ˠat̪ˠi:/	/sˠt̪ˠat̪ˠə/
⟨dt⟩	/t̪ʲ/ /t̪ʲ/ /t̪ʲ/	séidte	/ɕe:t̪ʲɛ/	/ɕe:t̪ʲi:/	/ʃe:t̪ʲə/

Tábla 7.3: Graiféimí consanta dar tús ⟨d⟩

Graiféim	Fóinéim	Sampla	GD	CR	CD
⟨f⟩	/fˠ/	feá	/fʲæ:/	/fʲɑ:/	/fʲɑ:/
⟨f⟩	/fʲ/	fáth	/fˠæ:/	/fˠɑ:/	/fˠɑ:/
⟨fh⟩	∅	d'fhág	/d̪ˠæ:g/	/d̪ˠɑ:g/	/d̪ˠɑ:g/

Tábla 7.4: Graiféimí consanta dar tús ⟨f⟩

Graiféim	Fóinéim	Sampla	GD	CR	CD
⟨g⟩	/g/	óga	/ɔ:gə/	/o:gə/	/o:gə/
⟨g⟩	/ɟ/	tréig	/t̪ʲrʲe:ɟ/	/t̪ʲrʲe:ɟ/	/t̪ʲrʲe:ɟ/
⟨gf⟩	/k/	tógfaidh	/t̪ˠo:ki:/	—	/t̪ˠo:kɪʝ/
⟨gf⟩	/c/	tréigfidh	/t̪ʲrʲe:ci:/	/t̪ʲrʲe:cə/	/t̪ʲrʲe:cɪʝ/
⟨gh⟩	/ɣ/	ghalaigh	/ɣal̪ˠi:/	/ɣal̪ʲə/	/ɣal̪ˠɪʝ/
⟨gh⟩	/j/ /j/ /j/	gheall	/jal̪ˠ/	/jɑːl̪ˠ/	/jaul̪ˠ/
⟨gth⟩	/k/	tógtha	/t̪ˠo:kə/	/t̪ˠo:ki:/	/t̪ˠo:kəhʲɛ/
⟨gth⟩	/c/	tréigthe	/t̪ʲrʲe:cɛ/	/t̪ʲrʲe:ci:/	/t̪ʲrʲe:cəhʲɛ/

Tábla 7.5: Graiféimí consanta dar tús ⟨g⟩

Graiféim	Fóinéim	Sampla	GD	CR	CD
⟨h⟩	/hˠ/	hata	/hˠat̪ˠə/	/hˠat̪ˠə/	/hˠat̪ˠə/

Tábla 7.6: Graiféimí consanta dar tús ⟨h⟩

Graiféim	Fóinéim	Sampla	GD	CR	CD
⟨l⟩	/lˠ/	díol	/ˌdʲiːlˠ/	/ˌdʲiːlˠ/	/ˌdʲiːlˠ/
⟨l⟩	/l/	buail	/ˌbˠual/	/ˌbˠuəlʲ/	—
⟨lf⟩	/l̥ˠ/	díolfaidh	/ˌdʲiːl̥ˠiː/	/ˌdʲiːl̥ˠə/	/ˌdʲiːl̥ˠɪj/
⟨lf⟩	/l̥/	buailfidh	/ˌbˠualiː/	/ˌbˠuələ/	—
⟨ll⟩	/lˠ/	toll	/ˌtˠʌlˠ/	/ˌtˠʌlˠ/	/ˌtˠʌlˠ/
⟨ll⟩	/lʲ/ /l̠ʲ/ /lʲ/	fill	/ˌfʲil̠ʲ/	/ˌfʲil̠ʲ/	/ˌfʲiːlʲ/
⟨llf⟩	/l̥ˠ/	tollfaidh	/ˌtˠʌl̥ˠiː/	/ˌtˠʌl̥ˠə/	/ˌtˠʌl̥ˠɪj/
⟨llf⟩	/l̥ʲ/ /l̥̠ʲ/ /l̥ʲ/	fillfidh	/ˌfʲil̥̠ʲiː/	/ˌfʲil̥̠ʲə/	/ˌfʲiːl̥ʲɪj/

Tábla 7.7: Graiféimí consanta dar tús ⟨l⟩

Graiféim	Fóinéim	Sampla	GD	CR	CD
⟨m⟩	/mˠ/	crom	/kɾˠʌmˠ/	/kɾˠʌmˠ/	/kɾˠoumˠ/
⟨m⟩	/mʲ/	léim	/l̠ʲeːmʲ/	/l̠ʲeːmʲ/	/lʲeːmʲ/
⟨mf⟩	/m̥ˠ/	cromfaidh	/kɾˠʌm̥ˠiː/	/kɾˠʌm̥ˠə/	/kɾˠoum̥ˠɪj/
⟨mf⟩	/m̥ʲ/	léimfidh	/l̠ʲeːm̥ʲiː/	/l̠ʲeːm̥ʲɛ/	/lʲeːm̥ʲɪj/
⟨mh⟩	/w/ /w/ /vˠ/	snámh	/sˠn̪ˠæːw/	/sˠn̪ˠaːw/	/sˠn̪ˠaːvˠ/
⟨mh⟩	/vʲ/	nimh	/n̠ʲɪvʲ/	/n̠ʲɪvʲ/	/n̠ʲɪvʲ/
⟨mhf⟩	/fˠ/	snámhfaidh	/sˠn̪ˠæːfˠiː/	/sˠn̪ˠaːfˠə/	/sˠn̪ˠaːfˠɪj/
⟨mhf⟩	/fʲ/	—	—	—	—
⟨mth⟩	/mˠ/	cromtha	/kɾˠʌm̥ˠə/	—	/kɾˠʌm̥ˠə/
⟨mth⟩	/mʲ/	léimthe	/l̠ʲeːm̥ʲə/	—	/lʲeːm̥ʲɛ/

Tábla 7.8: Graiféimí consanta dar tús ⟨m⟩

Graiféim	Fóinéim	Sampla	GD	CR	CD
⟨n⟩	/n̠ˠ/	líon	/l̠ʲiːn̠ˠ/	/l̠ʲiːn̠ˠ/	/l̠ʲiːn̠ˠ/
⟨n⟩	/n/	bain	/bˠn̩/	/bˠan/	—
⟨nd⟩	/n̠ˠ/	á ndúnadh	/æː n̠ˠʉːn̠ˠʉː/	/ɑː n̠ˠuːn̠ʲɛ/	/ɑː n̠ˠuːn̠ˠə/
⟨nd⟩	/n̠ʲ/ /n̠ʲ/ /nʲ/	á ndíol	/æː n̠ʲiːl̠ʲ/	/ɑː n̠ʲiːl̠ʲ/	/ɑː n̠ʲiːl̠ʲ/
⟨nf⟩	/n̥̠ˠ/	líonfaidh	/l̠ʲiːn̥̠ˠiː/	/l̠ʲiːn̥̠ˠə/	/l̠ʲiːn̥̠ˠɪj/
⟨nf⟩	/n̥/	bainfidh	/bˠan̥iː/	/bˠan̥ə/	—
⟨ng⟩	/ŋ/	ung	/ʏŋ/	/ʊŋ/	/ʊŋ/
⟨ng⟩	/ɲ/	ling	/lɪɲ/	/l̠ʲiɲ/	/l̠ʲiːɲ/
⟨ngf⟩	/ŋ̊/	ungfaidh	/ʏŋ̊iː/	/ʊŋ̊ə/	/ʊŋ̊ɪj/
⟨ngf⟩	/ɲ̊/	lingfidh	/lɪɲ̊iː/	/l̠ʲiɲ̊ə/	/l̠ʲiɲ̊ɪj/
⟨nn⟩	/n̠ˠ/	bronn	/bˠɾˠʌn̠ˠ/	/bˠɾˠʌn̠ˠ/	/bˠɾˠoun̠ˠ/
⟨nn⟩	/n̠ʲ/ /n̠ʲ/ /nʲ/	cinn	/cn̠ʲ/	/cn̠ʲ/	/ciːn̠ʲ/
⟨nnf⟩	/n̥̠ˠ/	bronnfaidh	/bˠɾˠʌn̥̠ˠiː/	/bˠɾˠʌn̥̠ˠə/	/bˠɾˠoun̥̠ˠɪj/
⟨nnf⟩	/n̥̠ʲ/ /n̥̠ʲ/ /n̥ʲ/	cinnfidh	/cn̥̠ʲiː/	/cn̥̠ʲə/	/ciːn̠ʲɪj/

Tábla 7.9: Graiféimí consanta dar tús ⟨n⟩

Graiféim	Fóinéim	Sampla	GD	CR	CD
⟨p⟩	/pˠ/	ceap	/capˠ/	/capˠ/	/capˠ/
⟨p⟩	/pʲ/	teip	/t̠ʲɛpʲ/	/t̠ʲɛpʲ/	/t̠ʲɛpʲ/
⟨pf⟩	/pˠ/	ceapfaidh	/capˠiː/	/capˠə/	/capˠɪj/
⟨pf⟩	/pʲ/	teipfidh	/t̠ʲɛpʲiː/	/t̠ʲɛpʲɛ/	/t̠ʲɛpʲɪj/
⟨ph⟩	/fˠ/	phoc	/fˠʌk/	/fˠʌk/	/fˠʊk/
⟨ph⟩	/fʲ/	phioc	/fʲɤk/	/fʲʊk/	/fʲʊk/
⟨pth⟩	/pˠ/	ceaptha	/capˠə/	/capˠiː/	/capˠəhʲɛ/
⟨pth⟩	/pʲ/	teipthe	/t̠ʲɛpʲə/	/t̠ʲɛpʲiː/	/t̠ʲɛpʲəhʲɛ/

Tábla 7.10: Graiféimí consanta dar tús ⟨p⟩

Litriú na Gaeilge

Graiféim	Fóinéim	Sampla	GD	CR	CD
⟨r⟩	/ɾˠ/	tuar	/tˠuaɾˠ/	/tˠuəɾˠ/	/tˠuəɾˠ/
⟨r⟩	/ɾʲ/	oir	/ʌɾʲ/	—	/ɪɾʲ/
⟨rf⟩	/ɾˠ/	tuarfaidh	/tˠuaɾˠiː/	/tˠuəɾˠə/	/tˠuəɾˠɪɟ/
⟨rf⟩	/ɾʲ/	oirfidh	/ʌɾʲiː/	—	/ɪɾʲɪɟ/
⟨rr⟩	/ɾˠ/	bearr	/bʲaɾˠ/	/bʲɑːɾˠ/	/bʲɑːɾˠ/
⟨rr⟩	/ɾʲ/	—	—	—	—
⟨rrf⟩	/ɾˠ/	bearrfaidh	/bʲaɾˠiː/	/bʲɑːɾˠə/	/bʲɑːɾˠɪɟ/
⟨rrf⟩	/ɾʲ/	—	—	—	—
⟨rrth⟩	/ɾˠ/	bearrtha	/bʲaɾˠə/	/bʲɑːɾˠtˠə/	/bʲaɾˠə/
⟨rrth⟩	/ɾʲ/	—	—	—	—
⟨rth⟩	/ɾˠ/	tuartha	/tˠuaɾˠə/	/tˠuəɾˠiː/	/tˠuəɾˠə/
⟨rth⟩	/ɾʲ/	oirthe	/ʌɾʲə/	—	/ɪɾʲə/

Tábla 7.11: Graiféimí consanta dar tús ⟨r⟩

Graiféim	Fóinéim	Sampla	GD	CR	CD
⟨s⟩	/sˠ/	cas	/kasˠ/	/kasˠ/	/kasˠ/
⟨s⟩	/ɕ/ /ɕ/ /ʃ/	bris	/bʲɾʲɪɕ/	/bʲɾʲɪɕ/	/bʲɾʲɪʃ/
⟨sf⟩	/sˠ/	casfaidh	/kasˠiː/	/kasˠə/	/kasˠɪɟ/
⟨sf⟩	/ɕ/ /ɕ/ /ʃ/	brisfidh	/bʲɾʲɪɕiː/	/bʲɾʲɪɕə/	/bʲɾʲɪʃɪɟ/
⟨sh⟩	/hˠ/	shocraigh	/hˠʌkɾˠiː/	/hˠʌkɾˠə/	/hˠʌkəɾˠɪɟ/
⟨sh⟩	/hʲ/	sheachaid	/hʲaxəd̪ʲ/	/hʲaxəd̪ʲ/	/hʲaxəd̪ʲ/
⟨shl⟩	/l̥ˠ/	shlog	/l̥ˠʌg/	/l̥ˠɪɟ/	/l̥ˠʌg/
⟨shl⟩	/l̥ʲ/ /l̥ʲ/ /l̥ʲ/	shleamhnaigh	/l̥ʲaun̪ˠiː/	/l̥ʲaun̪ˠə/	/l̥ʲəun̪ˠɪɟ/
⟨shm⟩	/m̥ˠ/	shmachtaigh	—	—	/m̥ˠaxtˠɪɟ/
⟨shm⟩	/m̥ʲ/	shmear	—	—	/m̥ʲaɾˠ/
⟨shn⟩	/n̥ˠ/	shnámh	—	—	/n̥ˠɑːvˠ/
⟨shn⟩	/n̥ʲ/ /n̥ʲ/ /n̥ʲ/	shníomh	—	/n̥ʲiːw/	/n̥ʲiːvˠ/
⟨shr⟩	/ɾ̥ˠ/	shruthlaigh	/ɾ̥ˠʊl̥ˠiː/	/ɾ̥ˠʊl̥ˠə/	—
⟨shr⟩	/ɾ̥ʲ/	shreabh	/ɾ̥ʲaw/	/ɾ̥ʲaw/	/ɾ̥ʲavˠ/
⟨s⟩/[fmp]	/sˠ/	spéir	/sˠpʲeːɾʲ/	/sˠpʲeːɾʲ/	/sˠpʲeːɾʲ/

Tábla 7.12: Graiféimí consanta dar tús ⟨s⟩

Graiféim	Fóinéim	Sampla	GD	CR	CD
⟨t⟩	/t̪ˠ/	at	/at̪ˠ/	/at̪ˠ/	/at̪ˠ/
⟨t⟩	/t̪ʲ/ /t̪ʲ/ /tʲ/	tit	/t̪ʲɪt̪ʲ/	/t̪ʲɪt̪ʲ/	/tʲɪtʲ/
⟨tf⟩	/t̪ˠ/	atfaidh	/at̪ˠiː/	/at̪ˠə/	/at̪ˠɪj/
⟨tf⟩	/t̪ʲ/ /t̪ʲ/ /tʲ/	titfidh	/t̪ʲɪt̪ʲə/	/t̪ʲɪt̪ʲə/	/tʲɪtʲɪj/
⟨th⟩	/hʲ/	thit	/hʲɛt̪ʲ/	/hʲɪt̪ʲ/	/hʲɪt̪ʲ/
⟨thf⟩	/hˠ/	leathfaidh	/l̪ʲahˠiː/	/l̪ʲahˠə/	/l̪ʲahˠɪj/
⟨thf⟩	/ç/	crithfidh	/crʲɪhʲiː/	—	/crʲɪhʲɪj/
⟨thl⟩	/l̪̊ˠ/	a thlú	/a l̪̊ˠuː/	/ə l̪̊ˠuː/	/a l̪̊ˠuː/
⟨thl⟩	/l̪̊ʲ/ /l̪̊ʲ/ /l̊ʲ/	—	—	—	—
⟨thn⟩	/n̪̊ˠ/	thnáith	/n̪̊ˠæːihʲ/	/n̪̊ˠɑː/	/n̪̊ˠɑːhʲ/
⟨thn⟩	/n̪̊ʲ/ /n̪̊ʲ/ /n̊ʲ/	—	—	—	—
⟨thr⟩	/r̪̊ˠ/	a thrá	/a r̪̊ˠæː/	/ə r̪̊ˠɑː/	/a r̪̊ˠɑː/
⟨thr⟩	/r̪̊ʲ/	a thréad	/a r̪̊ʲeːd̪ˠ/	/ə r̪̊ʲeːd̪ˠ/	/a r̪̊ʲeːd̪ˠ/

Tábla 7.13: Graiféimí consanta dar tús ⟨t⟩

7.3 Graiféimí gutacha

Mar atá pléite, bíonn gutaí na Gaeilge fada go fóinéimeach nó gearr go fóinéimeach. Cuirtear an chontrárthacht fhóinéimeach seo in iúl go hortagrafach trí shíntí fada a úsáid. Léirítear na gutaí fada leis na graiféimí ⟨á⟩, ⟨é⟩, ⟨í⟩, ⟨ó⟩, agus ⟨ú⟩. Léirítear na gutaí gearra leis na graiféimí ⟨a⟩, ⟨e⟩, ⟨i⟩, ⟨o⟩, agus ⟨u⟩.

Ach is féidir sraitheanna ortagrafacha níos casta a bheith i gceist i gcás na ngutaí, ag brath ar an gcomhthéacs consanta. Mar atá pléite, cuirtear cáilíocht an chonsain chóngaraigh in iúl leis na litreacha gutacha cóngaracha. Ní imríonn sé seo tionchar ar an ortagrafaíocht más ionann cáilíocht an ghuta agus cáilíocht an chonsain chóngaraigh. Is ionann cáilíocht an ghuta agus cáilíocht an chonsain chóngaraigh más guta cúil agus consan coguasaithe atá cóngarach dá chéile, nó más guta tosaigh agus consan carballaithe atá cóngarach dá chéile. Tabhair faoi deara gur féidir a rá gur consan "cúil" is ea consan coguasaithe mar gur urlabhraíocht thánaisteach is ea an coguasú a tharlaíonn i dtreo chúl chuas an bhéil. Ar an gcaoi chéanna, is féidir a rá gur consan "tosaigh" is ea consan carballaithe mar gur urlabhraíocht thánaisteach is ea an carballú a tharlaíonn i dtreo thosach chuas an bhéil. Ach murab ionann cáilíocht an ghuta agus cáilíocht an chonsain, tagann gutaí sleamhnógacha ortagrafacha i gceist. Mar shampla, san fhocal c*eo*il /coːlʲ/ (CR), cuireann an litir 'e' in iúl go dtosaíonn an focal le consan atá carballaithe go fóinéimeach, agus cuireann an litir 'i' in iúl go gcríochnaíonn an focal le consan atá carballaithe go fóinéimeach. Is fiú a lua gur féidir na sleamhnóga ortagrafacha a chloisteáil mar shleamhnóga foghrúla go hiondúil, i.e. [cʰioːˈlʲ]. Léiríonn an sampla seo eisceacht a bhaineann le córas na ngraiféimí gutacha. Go traidisiúnta, úsáidtear an ghraiféim ⟨o⟩ leis an nguta gearr /o/ agus an guta fada /oː/ a léiriú.

Maidir le léiriú ortagrafach na ndéfhoghar fóinéimeach, tá na graiféimí rud beag níos casta. Go hiondúil, léirítear na défhoghair le sraith litreacha ina bhfuil meascán de litreacha gutacha agus litreacha consanta. Is amhlaidh seo mar go raibh consain idirghutacha i gceist in ionad na ndéfhoghar go stairiúil.

Déantar an córas graiféimeach gutach a léiriú i dTáblaí 7.14–7.23. Baineann a bhfuil sa tríú colún sna táblaí gutacha leis an gcomhthéacs consanta ina dtarlaíonn an guta. Seasann 'Cˠ' do chonsan coguasaithe, seasann 'Cʲ' do chonsan carballaithe, agus seasann 'V' don ghuta i gcomhthéacs.

Graiféim	Fóinéim	Comhthéacs	Sampla	GD	CR	CD
⟨eai⟩	/a/	CʲVCʲ	leaic	/lʲac/	/lʲac/	/lʲac/
⟨ea⟩	/a/	CʲVCˠ	leac	/lʲak/	/lʲak/	/lʲak/
⟨ai⟩	/a/	CˠVCʲ	baic	/bˠac/	/bˠac/	/bˠac/
⟨a⟩	/a/	CˠVCˠ	bac	/bˠak/	/bˠak/	/bˠak/

Tábla 7.14: Graiféimí comhfhreagrach leis an bhfóinéim /a/

Graiféim	Fóinéim	Comhthéacs	Sampla	GD	CR	CD
⟨e(i)⟩	/ɛ/	CʲVCʲ	deis	/dʲɛɕ/	/dʲɛɕ/	/dʲɛʃ/
—	/ɛ/	CʲVCˠ	—	—	—	—
⟨ue⟩	/ɛ/	CˠVCʲ	bhuel	/wɛl/	/wɛl/	/vˠɛlʲ/
—	/ɛ/	CˠVCˠ	—	—	—	—

Tábla 7.15: Graiféimí comhfhreagrach leis an bhfóinéim /ɛ/

Graiféim	Fóinéim	Comhthéacs	Sampla	GD	CR	CD
⟨i⟩	/ɪ/	CʲVCʲ	criticiúil	/cɾʲɪt̪ʲɪcuːl/	/cɾʲɪt̪ʲɪcuːl/	/cɾʲɪt̪ʲɪˈcuːlʲ/
⟨io⟩	/ɪ/	CʲVCˠ	crios	/cɾʲɪsˠ/	/cɾʲɪsˠ/	/cɾʲɪsˠ/
⟨ui⟩	/ɪ/	CˠVCʲ	cruidín	/kɾˠɪd̪ʲiːn̪ʲ/	/kɾˠɪd̪ʲiːn̪ʲ/	/kɾˠɪˈd̪ʲiːn̪ʲ/
—	/ɪ/	CˠVCˠ	—	—	—	—

Tábla 7.16: Graiféimí comhfhreagrach leis an bhfóinéim /ɪ/

Graiféim	Fóinéim	Comhthéacs	Sampla	GD	CR	CD
—	/ʌ/	CʲVCʲ	—	—	—	—
⟨eo⟩	/ʌ/	CʲVCˠ	deoch	/d̪ʲʌx/	/d̪ʲʌx/	/d̪ʲʌx/
⟨oi⟩	/ʌ/	CˠVCʲ	dois	/d̪ˠʌç/	/d̪ˠʌç/	/d̪ˠʌʃ/
⟨o⟩	/ʌ/	CˠVCˠ	dos	/d̪ˠʌsˠ/	/d̪ˠʌsˠ/	/d̪ˠʌsˠ/

Tábla 7.17: Graiféimí comhfhreagrach leis an bhfóinéim /ʌ/

Graiféim	Fóinéim	Comhthéacs	Sampla	GD	CR	CD
—	/ɤ/ /ʊ/ /ʊ/	CʲVCʲ	—	—	—	—
⟨iu⟩	/ɤ/ /ʊ/ /ʊ/	CʲVCˠ	fiuch	/fʲɤx/	/fʲʊx/	/fʲʊx/
—	/ɤ/ /ʊ/ /ʊ/	CˠVCʲ	—	—	—	—
⟨u⟩	/ɤ/ /ʊ/ /ʊ/	CˠVCˠ	bun	/bˠɤn̪ˠ/	/bˠʊn̪ˠ/	/bˠʊn̪ˠ/

Tábla 7.18: Graiféimí comhfhreagrach leis an bhfóinéim /ɤ/ /ʊ/ /ʊ/

Graiféim	Fóinéim	Comhthéacs	Sampla	GD	CR	CD
⟨eái⟩	/æː/ /ɑː/ /ɑː/	CʲVCʲ	meáin	/mʲæːn̪ʲ/	/mʲɑːn̪ʲ/	/mʲɑːn̪ʲ/
⟨eá⟩	/æː/ /ɑː/ /ɑː/	CʲVCˠ	meán	/mʲæːn̪ˠ/	/mʲɑːn̪ˠ/	/mʲɑːn̪ˠ/
⟨ái⟩	/æː/ /ɑː/ /ɑː/	CˠVCʲ	cág	/kæːɡ/	/kɑːɡ/	/kɑːɡ/
⟨á⟩	/æː/ /ɑː/ /ɑː/	CˠVCˠ	cáig	/kæːɟ/	/kɑːɟ/	/kɑːɟ/

Tábla 7.19: Graiféimí comhfhreagrach leis an bhfóinéim /æː/ /ɑː/ /ɑː/

Graiféim	Fóinéim	Comhthéacs	Sampla	GD	CR	CD
⟨é(i)⟩	/eː/	CʲVCʲ	béil	/bʲeːl̠ʲ/	/bʲeːl̠ʲ/	/bʲeːl̠ʲ/
⟨éa⟩	/eː/	CʲVCˠ	béal	/bʲeːl̠ˠ/	/bʲeːl̠ˠ/	/bʲeːl̠ˠ/
⟨aei⟩	/eː/	CˠVCʲ	Gaeil	/geːl̠ʲ/	/geːl̠ʲ/	/geːl̠ʲ/
⟨ae⟩	/eː/	CˠVCˠ	Gael	/geːl̠ˠ/	/geːl̠ˠ/	/geːl̠ˠ/

Tábla 7.20: Graiféimí comhfhreagrach leis an bhfóinéim /eː/

Graiféim	Fóinéim	Comhthéacs	Sampla	GD	CR	CD
⟨í⟩	/iː/	CʲVCʲ	lín	/l̠ʲiːn̠ʲ/	/l̠ʲiːn̠ʲ/	/l̠ʲiːn̠ʲ/
⟨ío⟩	/iː/	CʲVCˠ	líon	/l̠ʲiːn̠ˠ/	/l̠ʲiːn̠ˠ/	/l̠ʲiːn̠ˠ/
⟨aí⟩, ⟨uí⟩, ⟨aoi⟩	/iː/	CˠVCʲ	suímh	/sˠiːvʲ/	/sˠiːvʲ/	/sˠiːvʲ/
⟨aío⟩, ⟨uío⟩, ⟨ao⟩	/iː/	CˠVCˠ	suíomh	/sˠiːw/	/sˠiːw/	/sˠiːvˠ/

Tábla 7.21: Graiféimí comhfhreagrach leis an bhfóinéim /iː/

Graiféim	Fóinéim	Comhthéacs	Sampla	GD	CR	CD
⟨eoi⟩	/oː/	CʲVCʲ	ceoil	/coːl̠ʲ/	/coːl̠ʲ/	/coːl̠ʲ/
⟨eo⟩, ⟨ió⟩	/oː/	CʲVCˠ	ceol	/coːl̠ˠ/	/coːl̠ˠ/	/coːl̠ˠ/
⟨ói⟩	/oː/	CˠVCʲ	fóid	/fˠoːd̠ʲ/	/fˠoːd̠ʲ/	/fˠoːd̠ʲ/
⟨ó⟩	/oː/	CˠVCˠ	fód	/fˠoːd̠ˠ/	/fˠoːd̠ˠ/	/fˠoːd̠ˠ/

Tábla 7.22: Graiféimí comhfhreagrach leis an bhfóinéim /oː/

Graiféim	Fóinéim	Comhthéacs	Sampla	GD	CR	CD
⟨iúi⟩	/ʉː/ /uː/ /uː/	CʲVCʲ	tiúis	/tʲʉːɕ/	/tʲuːɕ/	/tʲuːʃ/
⟨iú⟩	/ʉː/ /uː/ /uː/	CʲVCˠ	tiús	/tʲʉːsˠ/	/tʲuːsˠ/	/tʲuːsˠ/
⟨úi⟩	/ʉː/ /uː/ /uː/	CˠVCʲ	rúin	/rˠʉːn̠ʲ/	/rˠuːn̠ʲ/	/rˠuːn̠ʲ/
⟨ú⟩	/ʉː/ /uː/ /uː/	CˠVCˠ	rún	/rˠʉːn̠ˠ/	/rˠuːn̠ˠ/	/rˠuːn̠ˠ/

Tábla 7.23: Graiféimí comhfhreagrach leis an bhfóinéim /ʉː/ /uː/ /uː/

Graiféim	Fóinéim	Comhthéacs	Sampla	GD	CR	CD
⟨eadhai⟩	/ai/	C^jVC^j	feadhain	/fʲain̠ʲ/	/fʲain̠ʲ/	—
⟨eadh(a)⟩	/ai/	$C^jVC^ɣ$	meadhg	/mʲaigʲ/	—	—
⟨adhai⟩	/ai/	$C^ɣVC^j$	radhairc	/rɣairʲc/	—	/rɣairʲc/
⟨adh(a)⟩	/ai/	$C^ɣVC^ɣ$	radharc	—	—	/rɣairɣk/

Tábla 7.24: Graiféimí comhfhreagrach leis an bhfóinéim /ai/

Graiféim	Fóinéim	Comhthéacs	Sampla	GD	CR	CD
⟨eamhai⟩	/au/ /au/ /ɔu/	C^jVC^j	deamhain	—	/d̠ʲaul̠ʲ/	/d̠ʲɔun̠ʲ/
⟨eamh(a)⟩	/au/ /au/ /ɔu/	$C^jVC^ɣ$	deamhan	—	/d̠ʲaul̠ɣ/	/d̠ʲɔun̠ɣ/
⟨amhai⟩	/au/ /au/ /ɔu/	$C^ɣVC^j$	tamhain	—	/t̠ɣaun̠ʲ/	—
⟨amh(a)⟩	/au/ /au/ /ɔu/	$C^ɣVC^ɣ$	tamhan	/t̠ɣaun̠ɣ/	/t̠ɣaun̠ɣ/	/t̠ɣɔun̠ɣ/

Tábla 7.25: Graiféimí comhfhreagrach leis an bhfóinéim /au/ /au/ /ɔu/

Graiféim	Fóinéim	Comhthéacs	Sampla	GD	CR	CD
⟨iai⟩	/ia/ /iə/ /iə/	C^jVC^j	Bhriain	/vʲrʲianʲ/	/vʲrʲiən̠ʲ/	/vʲrʲiən̠ʲ/
⟨ia⟩	/ia/ /iə/ /iə/	$C^jVC^ɣ$	Brian	/bʲrʲianɣ/	/bʲrʲiən̠ɣ/	/bʲrʲiən̠ɣ/
—	/ia/ /iə/ /iə/	$C^ɣVC^j$	—	—	—	—
—	/ia/ /iə/ /iə/	$C^ɣVC^ɣ$	—	—	—	—

Tábla 7.26: Graiféimí comhfhreagrach leis an bhfóinéim /ia/ /iə/ /iə/

Graiféim	Fóinéim	Comhthéacs	Sampla	GD	CR	CD
—	/ua/ /uə/ /uə/	C^jVC^j	—	—	—	—
—	/ua/ /uə/ /uə/	$C^jVC^ɣ$	—	—	—	—
⟨uai⟩	/ua/ /uə/ /uə/	$C^ɣVC^j$	cuain	/kuan̠ʲ/	/kuən̠ʲ/	/kuən̠ʲ/
⟨ua⟩	/ua/ /uə/ /uə/	$C^ɣVC^ɣ$	cuan	/kuan̠ɣ/	/kuən̠ɣ/	/kuən̠ɣ/

Tábla 7.27: Graiféimí comhfhreagrach leis an bhfóinéim /ua/ /uə/ /uə/

7.4 Cleachtaí

A. Gaoth Dobhair:

1. Breac síos na graiféimí féideartha do na fóinéimí seo a leanas:
   /a/, /au/, /x/, /eː/, /j/.

2. Déan na foircinn seo a leanas a thras-scríobh go fóinéimeach agus tabhair sampla: *-adh, -aigh, -aíodh, -aithe, -amh, -eadh, -eanna, -faidh, -ódh, óidh, -ta, -te, -tha, -the.*

B. An Cheathrú Rua:

1. Breac síos na graiféimí féideartha do na fóinéimí seo a leanas:
   /ɑː/, /k/, /ç/, /fʲ/, /iː/.

2. Déan na foircinn seo a leanas a thras-scríobh go fóinéimeach agus tabhair sampla: *-adh, -aigh, -aíodh, -aithe, -amh, -eadh, -eanna, -faidh, -ódh, óidh, -ta, -te, -tha, -the.*

C. Corca Dhuibhne:

1. Breac síos na graiféimí féideartha do na fóinéimí seo a leanas:
   /ai/, /c/, /ɛ/, /ɣ/, /pˠ/.

2. Déan na foircinn seo a leanas a thras-scríobh go fóinéimeach agus tabhair sampla: *-adh, -aigh, -aíodh, -aithe, -amh, -eadh, -eanna, -faidh, -ódh, óidh, -ta, -te, -tha, -the.*

Leabharliosta

Annuntiata le Muire, An tSiúr & Colmán Ó hUallacháin. 1966. *Bunchúrsa foghraíochta*. Baile Átha Cliath: An Gúm.

Hardcastle, William J. & John Laver, eds. 1997. *The handbook of phonetic sciences*. Oxford: Blackwell.

Ladefoged, Peter. 2010. *A course in phonetics*. 6 ed. Boston: Wadsworth.

Ní Chasaide, Ailbhe. 1999. Irish. In *Handbook of the International Phonetic Association: A guide to the use of the International Phonetic Alphabet*, ed. International Phonetic Association. Cambridge: Cambridge University Press pp. 111–116.

Ó Baoill, Dónall. 1975. *Cleachtaí foghraíochta*. Baile Átha Cliath: Institiúid Teangeolaíochta Éireann.

Ó Baoill, Dónall. 1986. *Lárchanúint don Ghaeilge*. Baile Átha Cliath: Institiúid Teangeolaíochta Éireann.

Ó Baoill, Dónall. 1996. *An teanga bheo: Gaeilge Uladh*. Baile Átha Cliath: Institiúid Teangeolaíochta Éireann.

Ó Curnáin, Brian. 2007. *The Irish of Iorras Aithneach, County Galway*. Baile Átha Cliath: Institiúid Ard-Léinn Bhaile Átha Cliath.

Ó Murchú, Séamas. 1975. *Cúrsa tosaigh foghraíochta*. Baile Átha Cliath: An Gúm.

Ó Murchú, Séamas. 1998. *An teanga bheo: Gaeilge Chonamara*. Baile Átha Cliath: Institiúid Teangeolaíochta Éireann.

Ó Sé, Diarmuid. 1995. *An teanga bheo: Corca Dhuibhne*. Baile Átha Cliath: Institiúid Teangeolaíochta Éireann.

Ó Sé, Diarmuid. 2000. *Gaeilge Chorca Dhuibhne*. Baile Átha Cliath: Institiúid Teangeolaíochta Éireann.

Ó Siadhail, Mícheál & Arndt Wigger. 1975. *Córas Fuaimeanna na Gaeilge*. Baile Átha Cliath: Institiúid Ard-Léinn Bhaile Átha Cliath.

O'Rahilly, Thomas Francis. 1972. *Irish dialects, past and present: With chapters on Scottish and Manx*. Baile Átha Cliath: Institiúid Ard-Léinn Bhaile Átha Cliath.

Wagner, Heinrich. 1958–1969. *The linguistic atlas and survey of Irish dialects*. Baile Átha Cliath: Institiúid Ard-Léinn Bhaile Átha Cliath. [4 imleabhar].

Aguisín: Fuaimeanna na Gaeilge

San Aguisín seo, leagtar amach fuaimeanna na Gaeilge, fuaim, léirithe i dtrí chanúint, in aghaidh gach leathanaigh. I gcás fuaimeanna consanta, léirítear an fhuaim i gceithre chomhthéacs, más féidir. Is é sin, léirítear an consan (1) roimh ghuta tosaigh, (2) roimh ghuta cúil, (3) i ndiaidh guta tosaigh, agus (4) i ndiaidh guta cúil, san ord sin. Léirítear fuaimeanna gutacha i gceithre chomhthéacs freisin, más féidir. Is é sin, léirítear an guta (1) idir dhá chonsan atá carballaithe go fóinéimeach, (2) idir consan atá carballaithe go fóinéimeach agus consan atá coguasaithe go fóinéimeach, (3) idir consan atá coguasaithe go fóinéimeach agus consan atá carballaithe go fóinéimeach, agus (4) idir dhá chonsan atá coguasaithe go fóinéimeach.

Úsáidtear na focail chéanna sna trí chanúint ar son na comparáide. I gcásanna áirithe, níor aimsíodh focal samplach a chuirfeadh an fhuaim i gcomhthéacs ar leith i gcanúint amháin nó dhó nó trí. Sna cásanna seo, in áit focail dhifriúla a úsáid ó chanúint go canúint agus an bonn comparáide a chailliúint, fágadh ionadchoinneálaithe sna bearnaí. D'fhág sé seo freisin go mbeadh an leagan amach mar an gcéanna i gcás gach fuaime, rud atá níos cairdiúla don úsáideoir, agus go bhféadfadh an mac léinn iarracht a dhéanamh na bearnaí a líonadh.

/a/   /a/

Leagan(acha) ortagrafach(a): ⟨eai⟩, ⟨ea⟩, ⟨ai⟩, ⟨a⟩

....

Gaoth Dobhair

	ortagrafach	aistriúchán	fóinéimeach	Ceiltíoch	foghrúil
GD1:	feairín	'little man'	/fʲaɾʲiːnʲ/	/fʹarʹiːN/	[faˈɾʲiːnʲ]
GD2:	fear	'man'	/fʲaɾˠ/	/fʹar/	[fʲaɾˠ]
GD3:	caith	'throw'	/kahʲ/	/kahʹ/	[kʰaih]
GD4:	cath	'battle'	/kahˠ/	/kah/	[kʰæh]

An Cheathrú Rua

	ortagrafach	aistriúchán	fóinéimeach	Ceiltíoch	foghrúil
CR1:	feairín	'little man'	/fʲaɾʲiːn/	/fʹarʹiːnʹ/	[fʲaːˈɾʲiːn]
CR2:	fear	'man'	/fʲaɾˠ/	/fʹar/	[fʲaːɾˠ]
CR3:	caith	'throw'	/kahʲ/	/kahʹ/	[kʰaˈh]
CR4:	cath	'battle'	/kahˠ/	/kah/	[kʰɑh]

Corca Dhuibhne

	ortagrafach	aistriúchán	fóinéimeach	Ceiltíoch	foghrúil
CD1:	feairín	'little man'	/fʲaˈɾʲiːnʲ/	/fʹaʹrʹiːnʹ/	[fʲaˈˈɾʲiːnʲ]
CD2:	fear	'man'	/fʲaɾˠ/	/fʹar/	[fʲaɾˠ]
CD3:	caith	'throw'	/kahʲ/	/kahʹ/	[kʰaˈh]
CD4:	cath	'battle'	/kahˠ/	/kah/	[kʰɑh]

/æː/ | /ɑː/ | /ɑː/   /aː/

Leagan(acha) ortagrafach(a): ⟨eái⟩, ⟨eá⟩, ⟨ái⟩, ⟨á⟩

....

Gaoth Dobhair

	ortagrafach	aistriúchán	fóinéimeach	Ceiltíoch	foghrúil
GD1:	a Sheáin	boy's name (vocative)	/ə hʲæːn̠ʲ/	/ə xʲaːɴʲ/	[ə hʲˈæːˈn̠ʲ]
GD2:	Seán	boy's name	/cæːn̪ˠ/	/sʲaːɴ/	[cæːˑən̪ˠ]
GD3:	cás	'case'	/kæːsˠ/	/kaːs/	[kʰᵘˠæːˑəsˠ]
GD4:	cáis	'cheese'	/kæːɕ/	/kaːsʲ/	[kʰᵘˠæːɕ]

An Cheathrú Rua

	ortagrafach	aistriúchán	fóinéimeach	Ceiltíoch	foghrúil
CR1:	a Sheáin	boy's name (vocative)	/ə hʲɑːn̠ʲ/	/ə xʲaːɴʲ/	[ə çɑːˈn̠ʲ]
CR2:	Seán	boy's name	/cɑːn̪ˠ/	/sʲaːɴ/	[cʲɑːn̪ˠ]
CR3:	cás	'case'	/kɑːsˠ/	/kaːs/	[kʰɑːsˠ]
CR4:	cáis	'cheese'	/kɑːɕ/	/kaːsʲ/	[kʰɑːˈɕ]

Corca Dhuibhne

	ortagrafach	aistriúchán	fóinéimeach	Ceiltíoch	foghrúil
CD1:	a Sheáin	boy's name (vocative)	/ə hʲɑːn̠ʲ/	/ə xʲaːɴʲ/	[ə çɑːˈn̠ʲ]
CD2:	Seán	boy's name	/ʃɑːn̪ˠ/	/sʲaːɴ/	[ʃʲɑːn̪ˠ]
CD3:	cás	'case'	/kɑːsˠ/	/kaːs/	[kʰɑːsˠ]
CD4:	cáis	'cheese'	/kɑːʃ/	/kaːsʲ/	[kʰɑːˈʃ]

/ai/ /ai/

Leagan(acha) ortagrafach(a): ⟨eadhai⟩, ⟨eadh(a)⟩, ⟨adhai⟩, ⟨adh(a)⟩

Gaoth Dobhair

	ortagrafach	aistriúchán	fóinéimeach	Ceiltíoch	foghrúil
GD1:	feadhain	'troop'	/fʲainʲ/	/fʹainʹ/	[fʲainnʲ]
GD2:	meadhg	'whey'	/mʲaig/	/mʹaig/	[mʲæiəg]
GD3:	radhairc	'sights'	/ɾˠairʲc/	/rairʹkʹ/	[ɾˠai̯əɾˠkʰ]
GD4:	—	—	—	—	—

An Cheathrú Rua

	ortagrafach	aistriúchán	fóinéimeach	Ceiltíoch	foghrúil
CR1:	—	—	—	—	—
CR2:	—	—	—	—	—
CR3:	—	—	—	—	—
CR4:	—	—	—	—	—

Corca Dhuibhne

	ortagrafach	aistriúchán	fóinéimeach	Ceiltíoch	foghrúil
CD1:	—	—	—	—	—
CD2:	—	—	—	—	—
CD3:	radhairc	'sights'	/ɾˠairʲc/	/rairʹkʹ/	[ɾˠairʲcʰ]
CD4:	radharc	'sight'	/ɾˠairˠk/	/rairk/	[ɾˠai̯əɾˠkʰ]

Aguisín: Fuaimeanna na Gaeilge 101

/au/ | /au/ | /ɔu/   /au/

Leagan(acha) ortagrafach(a): ⟨eamhai⟩, ⟨eamh(a)⟩, ⟨amhai⟩, ⟨amh(a)⟩

....

Gaoth Dobhair

	ortagrafach	aistriúchán	fóinéimeach	Ceiltíoch	foghrúil
GD1:	—	—	—	—	
GD2:	—	—	—	—	
GD3:	—	—	—	—	
GD3:	tamhan	'trunk'	/t̪ˠaun̪ˠ/	/tauɴ/	[t̪ˠʰaun̪ˠ]

An Cheathrú Rua

	ortagrafach	aistriúchán	fóinéimeach	Ceiltíoch	foghrúil
CR1:	diabhail	'devils'	/dʲaulʲ/	/dʹauʟʹ/	[dʲiauˈlʲ]
CR2:	diabhal	'devil'	/dʲaulˠ/	/dʹauʟ/	[dʲiaulˠ]
CR3:	tamhain	'trunks'	/t̪ˠaun̠ʲ/	/tauɴʹ/	[t̪ˠʰauˈnʲ]
CR3:	tamhan	'trunk'	/t̪ˠaun̪ˠ/	/tauɴ/	[t̪ˠʰaun̪ˠ]

Corca Dhuibhne

	ortagrafach	aistriúchán	fóinéimeach	Ceiltíoch	foghrúil
CD1:	deamhain	'demons'	/dʲɔun̠ʲ/	/dʹɔuɴʹ/	[dʲiauˈnʲ]
CD2:	deamhan	'demon'	/dʲɔun̪ˠ/	/dʹɔuɴ/	[dʲiaun̪ˠ]
CD3:	—	—	—	—	
CD3:	tamhan	'trunk'	/t̪ˠɔun̪ˠ/	/tɔuɴ/	[t̪ˠʰɔun̪ˠ]

/bˠ/ /b/

Leagan(acha) ortagrafach(a): ⟨b⟩

Gaoth Dobhair

	ortagrafach	aistriúchán	fóinéimeach	Ceiltíoch	foghrúil
GD1:	buí	'yellow'	/bˠiː/	/biː/	[bˠʷɯiː]
GD2:	bó	'cow'	/bˠoː/	/boː/	[bˠɔː]
GD3:	síob	'lift'	/ɕiːbˠ/	/sʲiːb/	[ɕiːəbˠʰ]
GD4:	lúb	'bend'	/l̪ˠuːbˠ/	/Luːb/	[l̪ˠuːbˠʰ]

An Cheathrú Rua

	ortagrafach	aistriúchán	fóinéimeach	Ceiltíoch	foghrúil
CR1:	buí	'yellow'	/bˠiː/	/biː/	[bˠʷɯiː]
CR2:	bó	'cow'	/bˠoː/	/boː/	[bˠoː]
CR3:	síob	'lift'	/ɕiːbˠ/	/sʲiːb/	[ɕiːəbˠʰ]
CR4:	—	—	—	—	—

Corca Dhuibhne

	ortagrafach	aistriúchán	fóinéimeach	Ceiltíoch	foghrúil
CD1:	buí	'yellow'	/bˠiː/	/biː/	[bˠʷɯiː]
CD2:	bó	'cow'	/bˠoː/	/boː/	[bˠʷoː]
CD3:	síob	'lift'	/ʃiːbˠ/	/sʲiːb/	[ʃiːəbˠʰ]
CD4:	lúb	'bend'	/l̪ˠuːbˠ/	/Luːb/	[l̪ˠuːbˠʰ]

Aguisín: Fuaimeanna na Gaeilge

/bʲ/ /b´/

Leagan(acha) ortagrafach(a): ⟨b⟩

Gaoth Dobhair

	ortagrafach	aistriúchán	fóinéimeach	Ceiltíoch	foghrúil
GD1:	beo	'alive'	/bʲɔː/	/b´ɔː/	[bʲioː]
GD2a:	bíobla	'bible'	/bʲiːbˠl̪ˠə/	/b´iːbˠə/	[biːəbˠl̪ˠə]
GD2b:	bean	'woman'	/bʲan̪ˠ/	/b´aɴ/	[ban̪ˠ]
GD3:	ciúib	'cube' (genitive)	/cʉːbʲ/	/k´uːb´/	[cʰiʉːˈbʲʰ]
GD4:	síbín	'speak-easy'	/ɕiːbʲiːn/	/s´iːb´iːn´/	[ɕiːbʲiːn]

An Cheathrú Rua

	ortagrafach	aistriúchán	fóinéimeach	Ceiltíoch	foghrúil
CR1:	beo	'alive'	/bʲoː/	/b´oː/	[bʲɛoː]
CR2a:	bíobla	'bible'	/bʲiːbˠl̪ˠə/	/b´iːbˠə/	[biːəbˠl̪ˠə]
CR2b:	bean	'woman'	/bʲan̪ˠ/	/b´aɴ/	[baːn̪ˠ]
CR3:	ciúib	'cube' (genitive)	/cuːbʲ/	/k´uːb´/	[cʰiuːˈbʲʰ]
CR4:	síbín	'speak-easy'	/ɕiːbʲiːn/	/s´iːb´iːn´/	[ɕiːbʲiːn]

Corca Dhuibhne

	ortagrafach	aistriúchán	fóinéimeach	Ceiltíoch	foghrúil
CD1:	beo	'alive'	/bʲoː/	/b´oː/	[bʲioː]
CD2a:	bíobla	'bible'	/bʲiːbˠl̪ˠə/	/b´iːbˠə/	[biːəbˠəl̪ˠə]
CD2b:	bean	'woman'	/bʲan̪ˠ/	/b´aɴ/	[ban̪ˠ]
CD3:	ciúib	'cube' (genitive)	/cuːbʲ/	/k´uːb´/	[cʰiuːˈbʲʰ]
CD4:	síbín	'speak-easy'	/ʃiːbʲiːnʲ/	/s´iːb´iːn´/	[ʃiːbʲiːnʲ]

/k/ /k/

Leagan(acha) ortagrafach(a): ⟨c⟩, ⟨cf⟩, ⟨cth⟩, ⟨gf⟩, ⟨gth⟩

....

Gaoth Dobhair

	ortagrafach	aistriúchán	fóinéimeach	Ceiltíoch	foghrúil
GD1:	cuil	'fly'	/kɤl̪ʲ/	/kuʟʲ/	[kʰɤˈlʲ]
GD2:	cóisir	'party'	/koːɕɪɾʲ/	/koːsʲərʲ/	[kʰoːˈɕɪɾʲ]
GD3:	íoc	'pay'	/iːk/	/iːk/	[iːəkʰ]
GD4:	poc	'buck; puck'	/pˠʌk/	/pok/	[pˠʰʌkʰ]

An Cheathrú Rua

	ortagrafach	aistriúchán	fóinéimeach	Ceiltíoch	foghrúil
CR1:	cuil	'fly'	/kʊl/	/kulʲ/	[kʰʊˈl]
CR2:	cóisir	'party'	/koːɕɪɾʲ/	/koːsʲərʲ/	[kʰoːˈɕɪɾʲ]
CR3:	íoc	'pay'	/iːk/	/iːk/	[iːəkʰ]
CR4:	poc	'buck; puck'	/pˠʌk/	/pok/	[pˠʰʌkʰ]

Corca Dhuibhne

	ortagrafach	aistriúchán	fóinéimeach	Ceiltíoch	foghrúil
CD1:	cuil	'fly'	/kɪlʲ/	/kilʲ/	[kʰɯɪlʲ]
CD2:	cóisir	'party'	/koːʃɪɾʲ/	/koːsʲərʲ/	[kʰoːˈʃɪɾʲ]
CD3:	íoc	'pay'	/iːk/	/iːk/	[iːəkʰ]
CD4:	poc	'buck; puck'	/pˠʊk/	/puk/	[pˠʰʊkʰ]

/c/ /k'/

Leagan(acha) ortagrafach(a): ⟨c⟩, ⟨cf⟩, ⟨cth⟩, ⟨gf⟩, ⟨gth⟩

....

Gaoth Dobhair

	ortagrafach	aistriúchán	fóinéimeach	Ceiltíoch	foghrúil
GD1:	cearc	'hen'	/caɾˠk/	/k'ark/	[cʲʰiaɾˠkʰ]
GD2:	císte	'cake'	/ciːc͡tʃɛ/	/k'iːs't'ə/	[cʰiːctʲɛ]
GD3:	stoic	'stocks'	/sˠt̪ˠʌc/	/stok'/	[sˠt̪ˠʌˈcʰ]
GD4:	seic	'cheque'	/ɕɛc/	/s'ek'/	[ɕɛˈcʰ]

An Cheathrú Rua

	ortagrafach	aistriúchán	fóinéimeach	Ceiltíoch	foghrúil
CR1:	cearc	'hen'	/caɾˠk/	/k'ark/	[cʲʰiaɾˠkʰ]
CR2:	císte	'cake'	/ciːctʲɛ/	/k'iːs't'ə/	[cʰiːctʲɛ]
CR3:	stoic	'stocks'	/sˠt̪ˠɪc/	/stik'/	[sˠt̪ˠʌˈcʰ]
CR4:	seic	'cheque'	/ɕɛc/	/s'ek'/	[ɕɛˈcʰ]

Corca Dhuibhne

	ortagrafach	aistriúchán	fóinéimeach	Ceiltíoch	foghrúil
CD1:	cearc	'hen'	/caɾˠk/	/k'ark/	[cʲʰiaɾˠkʰ]
CD2:	císte	'cake'	/ciːʃtʲɛ/	/k'iːs't'ə/	[cʰiːʃtʲɛ]
CD3:	stoic	'stocks'	/sˠt̪ˠic/	/stik'/	[sˠt̪ˠʌˈcʰ]
CD4:	seic	'cheque'	/ʃɛc/	/s'ek'/	[ʃɛˈcʰ]

/x/ /x/

Leagan(acha) ortagrafach(a): ⟨ch⟩, ⟨chf⟩

....

Gaoth Dobhair

	ortagrafach	aistriúchán	fóinéimeach	Ceiltíoch	foghrúil
GD1:	chaoin	'cry' (past)	/xiːn/	/xiːn′/	[xᵚiːn]
GD2:	chúlaigh	'reverse' (past)	/xʉːl̠ˠiː/	/xuːʟiː/	[xʉːl̠ˠᵚiː]
GD3:	íochtar	'lower'	/iːxt̪ˠəɾˠ/	/iːxtər/	[iːᵊxt̪ˠʰəɾˠ]
GD4:	eochair	'key'	/ʌxɪɾʲ/	/oxər′/	[ʌhɪɾʲ]

An Cheathrú Rua

	ortagrafach	aistriúchán	fóinéimeach	Ceiltíoch	foghrúil
CR1:	chaoin	'cry' (past)	/xiːn/	/xiːn′/	[xᵚiːn]
CR2:	chúlaigh	'reverse' (past)	/xuːl̠ˠə/	/xuːʟə/	[xuːl̠ˠə]
CR3:	íochtar	'lower'	/iːxt̪ˠəɾˠ/	/iːxtər/	[iːᵊxt̪ˠʰəɾˠ]
CR4:	eochair	'key'	/ʌxɪɾʲ/	/oxər′/	[ʌxɪɾʲ]

Corca Dhuibhne

	ortagrafach	aistriúchán	fóinéimeach	Ceiltíoch	foghrúil
CD1:	chaoin	'cry' (past)	/xiːnʲ/	/xiːn′/	[xᵚiːnʲ]
CD2:	chúlaigh	'reverse' (past)	/xuːl̠ˠɪʝ/	/xuːləg′/	[xuːl̠ˠɪʝ]
CD3:	íochtar	'lower'	/iːxt̪ˠəɾˠ/	/iːxtər/	[iːᵊxt̪ˠʰəɾˠ]
CD4:	eochair	'key'	/ʌxɪɾʲ/	/oxər′/	[ʌxɪɾʲ]

/ç/ /x′/

Leagan(acha) ortagrafach(a): ⟨ch⟩, ⟨chf⟩

Gaoth Dobhair

	ortagrafach	aistriúchán	fóinéimeach	Ceiltíoch	foghrúil
GD1a:	cheannaigh	'buy' (past)	/çan̪ˠiː/	/x′aniː/	[çan̪ˠɯiː]
GD1b:	chiúnaigh	'quieten' (past)	/çɥːn̪ˠiː/	/x′uːniː/	[çⁱɥːn̪ˠɯiː]
GD2a:	chéad	'first'	/çeːd̪ˠ/	/x′eːd/	[çeːᵊd̪ˠ]
GD2b:	an-chiall	'great sense'	/an̪ˠ çial̪ˠ/	/aɴ x′iəL/	[an̪ˠ çiaᵊl̪ˠ]
GD3a:	cloicheán	'prawn'	/kl̪ˠʌçæːn̪ˠ/	/kLɔx′aːɴ/	[kʰl̪ˠʌⁱhæːᵊn̪ˠ]
GD4:	deich	'ten'	/d͡ʒɛç/	/d′ex′/	[d͡ʒɛih]

An Cheathrú Rua

	ortagrafach	aistriúchán	fóinéimeach	Ceiltíoch	foghrúil
CR1a:	cheannaigh	'buy' (past)	/çan̪ˠə/	/x′anə/	[çan̪ˠə]
CR1b:	chiúnaigh	'quieten' (past)	/çuːn̪ʲə/	/x′uːN′ə/	[çⁱuːn̪ʲə]
CR2a:	chéad	'first'	/çeːd̪ˠ/	/x′eːd/	[çeːᵊd̪ˠ]
CR2b:	an-chiall	'great sense'	/an̪ˠ çial̪ˠ/	/aɴ x′iəL/	[an̪ˠ çiəl̪ˠ]
CR3a:	cloicheán	'prawn'	/kl̪ˠɪçaːn̪ˠ/	/kLɪx′aːɴ/	[kʰl̪ˠʌɪçaːn̪ˠ]
CR4:	deich	'ten'	/d̪ʲɛç/	/d′ex′/	[d̪ʲɛ]

Corca Dhuibhne

	ortagrafach	aistriúchán	fóinéimeach	Ceiltíoch	foghrúil
CD1a:	cheannaigh	'buy' (past)	/çan̪ˠɪj/	/x′anəg′/	[çan̪ˠɪj]
CD1b:	chiúnaigh	'quieten' (past)	/çuːn̪ˠɪj/	/x′uːNəg′/	[çⁱuːn̪ˠɪj]
CD2a:	chéad	'first'	/çeːd̪ˠ/	/x′eːd/	[çiaᵊd̪ˠ]
CD2b:	an-chiall	'great sense'	/an̪ˠə çial̪ˠ/	/aNə x′iəL/	[an̪ˠə çiəl̪ˠ]
CD3a:	—	—			
CD4:	deich	'ten'	/d′ɛç/	/d′ex′/	[d′ɛ]

/d̪ˠ/ /d/

Leagan(acha) ortagrafach(a): ⟨d⟩

Gaoth Dobhair

	ortagrafach	aistriúchán	fóinéimeach	Ceiltíoch	foghrúil
GD1:	daoine	'people'	/d̪ˠiːniː/	/diːnʹiː/	[d̪ˠɣɯiːniː]
GD2:	dún	'close'	/d̪ˠuːn̪ˠ/	/duːN/	[d̪ˠuːn̪ˠ]
GD3:	éad	'jealousy'	/eːd̪ˠ/	/eːd/	[eːəd̪ˠ]
GD4:	úd	'try'	/ʉːd̪ˠ/	/uːd/	[ʉːd̪ˠ]

An Cheathrú Rua

	ortagrafach	aistriúchán	fóinéimeach	Ceiltíoch	foghrúil
CR1:	daoine	'people'	/d̪ˠiːnɛ/	/diːnʹə/	[d̪ˠɣɯiːnɛ]
CR2:	dún	'close'	/d̪ˠuːnʲ/	/duːNʹ/	[d̪ˠuːˈnʲ]
CR3:	éad	'jealousy'	/eːd̪ˠ/	/eːd/	[eːəd̪ˠ]
CR4:	úd	'try'	/uːd̪ˠ/	/uːd/	[uːd̪ˠ]

Corca Dhuibhne

	ortagrafach	aistriúchán	fóinéimeach	Ceiltíoch	foghrúil
CD1:	daoine	'people'	/d̪ˠiːnʲɛ/	/diːnʹə/	[d̪ˠɣɯiːnʲɛ]
CD2:	dún	'close'	/d̪ˠuːn̪ˠ/	/duːN/	[d̪ˠuːn̪ˠ]
CD3:	éad	'jealousy'	/eːd̪ˠ/	/eːd/	[iəd̪ˠ]
CD4:	úd	'try'	/uːd̪ˠ/	/uːd/	[uːd̪ˠ]

/d͡ʒ/ | /d̪ʲ/ | /dʲ/   /d′/

Leagan(acha) ortagrafach(a): ⟨d⟩

....

Gaoth Dobhair

	ortagrafach	aistriúchán	fóinéimeach	Ceiltíoch	foghrúil
GD1:	deoch	'drink'	/d͡ʒʌx/	/d′ox/	[d͡ʒʌh]
GD2:	díon	'roof'	/d͡ʒiːn̪ˠ/	/d′iːN/	[d͡ʒiːᵊn̪ˠ]
GD3:	troid	'fight'	/t̪ˠɾˠɪd͡ʒ/	/trid′/	[t̪ˠʰɾˠʌˈɪd͡ʒ]
GD4:	dide	'nipple'	/d͡ʒɪd͡ʒɛ/	/d′id′ə/	[d͡ʒɪd͡ʒɛ]

An Cheathrú Rua

	ortagrafach	aistriúchán	fóinéimeach	Ceiltíoch	foghrúil
CR1:	deoch	'drink'	/d̪ʲʌx/	/d′ox/	[d̪ʲʌx]
CR2:	díon	'roof'	/d̪ʲiːn̪ˠ/	/d′iːN/	[d̪ʲiːᵊn̪ˠ]
CR3:	troid	'fight'	/t̪ˠɾˠʌd̪ʲ/	/trod′/	[t̪ˠʰɾˠʌˈd̪ʲ]
CR4:	dide	'nipple'	/d̪ʲɪd̪ʲɛ/	/d′id′ə/	[d̪ʲɪd̪ʲɛ]

Corca Dhuibhne

	ortagrafach	aistriúchán	fóinéimeach	Ceiltíoch	foghrúil
CD1:	deoch	'drink'	/dʲʌx/	/d′ox/	[dʲʌx]
CD2:	díon	'roof'	/dʲiːn̪ˠ/	/d′iːN/	[dʲiːᵊn̪ˠ]
CD3:	troid	'fight'	/t̪ˠɾˠɪdʲ/	/trid′/	[t̪ˠʰɾˠʌˈɪdʲ]
CD4:	dide	'nipple'	/dʲɪdʲɛ/	/d′id′ə/	[dʲɪdʲɛ]

/ɛ/ /e/

Leagan(acha) ortagrafach(a): ⟨e(i)⟩, ⟨ue⟩

Gaoth Dobhair

	ortagrafach	aistriúchán	fóinéimeach	Ceiltíoch	foghrúil
GD1:	deis	'opportunity'	/d͡ʒɛɕ/	/d′es′/	[d͡ʒɛɕ]
GD2:	—	—	—	—	—
GD3:	—	—	—	—	—
GD4:	—	—	—	—	—

An Cheathrú Rua

	ortagrafach	aistriúchán	fóinéimeach	Ceiltíoch	foghrúil
CR1:	deis	'opportunity'	/d̪ʲɛɕ/	/d′es′/	[d̪ʲɛɕ]
CR2:	—	—	—	—	—
CR3:	bhuel	'well!'	/wɛl/	/vel′/	[wɛl]
CR4:	—	—	—	—	—

Corca Dhuibhne

	ortagrafach	aistriúchán	fóinéimeach	Ceiltíoch	foghrúil
CD1:	deis	'opportunity'	/d̪ʲɛʃ/	/d′es′/	[d̪ʲɛʃ]
CD2:	—	—	—	—	—
CD3:	bhuel	'well!'	/vɛlʲ/	/vel′/	[wɛlʲ]
CD4:	—	—	—	—	—

/eː/ /eː/

Leagan(acha) ortagrafach(a): ⟨é(i)⟩, ⟨éa⟩, ⟨aei⟩, ⟨ae⟩

Gaoth Dobhair

	ortagrafach	aistriúchán	fóinéimeach	Ceiltíoch	foghrúil
GD1:	béil	'mouths'	/bʲeːlʲ/	/bʹeːL'/	[bʲeːlʲ]
GD2:	béal	'mouth'	/bʲeːlˠ/	/bʹeːL/	[bʲɛːᵊlˠ]
GD3:	Gaeil	'Gaelic people'	/geːlʲ/	/geːL'/	[gᵚeːlʲ]
GD4:	Gael	'Gaelic person'	/geːlˠ/	/geːL/	[gᵚeːᵊlˠ]

An Cheathrú Rua

	ortagrafach	aistriúchán	fóinéimeach	Ceiltíoch	foghrúil
CR1:	béil	'mouths'	/bʲeːlʲ/	/bʹeːL'/	[bʲeːlʲ]
CR2:	béal	'mouth'	/bʲeːlˠ/	/bʹeːL/	[bʲeːᵊlˠ]
CR3:	Gaeil	'Gaelic people'	/geːlʲ/	/geːL'/	[gᵚeːlʲ]
CR4:	Gael	'Gaelic person'	/geːlˠ/	/geːL/	[gᵚeːᵊlˠ]

Corca Dhuibhne

	ortagrafach	aistriúchán	fóinéimeach	Ceiltíoch	foghrúil
CD1:	béil	'mouths'	/bʲeːlʲ/	/bʹeːl'/	[bʲeːlʲ]
CD2:	béal	'mouth'	/bʲeːlˠ/	/bʹeːL/	[bʲiaᵊlˠ]
CD3:	Gaeil	'Gaelic people'	/geːlʲ/	/geːl'/	[gᵚeːlʲ]
CD4:	Gael	'Gaelic person'	/geːlˠ/	/geːL/	[gᵚeːᵊlˠ]

/fˠ/ /f/

Leagan(acha) ortagrafach(a): ⟨bhf⟩, ⟨f⟩, ⟨mhf⟩, ⟨ph⟩

Gaoth Dobhair

	ortagrafach	aistriúchán	fóinéimeach	Ceiltíoch	foghrúil
GD1:	faoi	'under'	/fˠiː/	/fiː/	[fˠɯiː]
GD2:	go fóill	'yet'	/gə fˠɔːlʲ/	/gə foːʟ′/	[gə fˠɔːˈlʲ]
GD3:	Síofra	girl's name	/ɕiːfˠɾˠə/	/s′iːfrə/	[ɕiːəfˠɾˠə]
GD4:	triuf	'club'	/t͡ʃɾʲʌfˠ/	/t′r′of/	[t͡ʃɾʲʌfˠ]

An Cheathrú Rua

	ortagrafach	aistriúchán	fóinéimeach	Ceiltíoch	foghrúil
CR1:	faoi	'under'	/fˠiː/	/fiː/	[fˠɯiː]
CR2:	go fóill	'yet'	/gə fˠɔːlʲ/	/gə foːʟ′/	[gə fˠɔːˈlʲ]
CR3:	Síofra	girl's name	/ɕiːfˠɾˠə/	/s′iːfrə/	[ɕiːəfˠɾˠə]
CR4:	triuf	'club'	/t̪ʲɾʲʌfˠ/	/t′r′of/	[t̪ʲʰɾʲʌfˠ]

Corca Dhuibhne

	ortagrafach	aistriúchán	fóinéimeach	Ceiltíoch	foghrúil
CD1:	—	—	—	—	—
CD2:	go fóill	'yet'	/gə fˠoːlʲ/	/gə foːl′/	[gə fˠoːˈlʲ]
CD3:	Síofra	girl's name	/ʃiːfˠɾˠə/	/s′iːfrə/	[ʃiːfˠɾˠə]
CD4:	triuf	'club'	/tʲɾʲʊfˠ/	/t′r′uf/	[tʲʰɾʲʊfˠ]

Aguisín: Fuaimeanna na Gaeilge 113

/fʲ/   /f'/

Leagan(acha) ortagrafach(a): ⟨bhf⟩, ⟨f⟩, ⟨mhf⟩, ⟨ph⟩

Gaoth Dobhair

	ortagrafach	aistriúchán	fóinéimeach	Ceiltíoch	foghrúil
GD1:	feoil	'meat'	/fʲɔːl/	/f'ɔːl'/	[fʲiɔːˑl]
GD2:	fíon	'wine'	/fʲiːn̠ˠ/	/f'iːɴ/	[fʲiːn̠ˠ]
GD3:	próifíl	'profile'	/pˠɾˠoːfʲiːl/	/proːf'iːl'/	[pˠʰɾˠoːˈfʲiːl]
GD4:	Aoife	girl's name	/iːfʲə/	/iːf'ə/	[iːfʲə]

An Cheathrú Rua

	ortagrafach	aistriúchán	fóinéimeach	Ceiltíoch	foghrúil
CR1:	feoil	'meat'	/fʲɔːl/	/f'ɔːl'/	[fʲɔːˑl]
CR2:	fíon	'wine'	/fʲiːn̠ˠ/	/f'iːɴ/	[fʲiːᵊn̠ˠ]
CR3:	—	—	—	—	—
CR4:	Aoife	girl's name	/iːfʲə/	/iːf'ə/	[iːfʲə]

Corca Dhuibhne

	ortagrafach	aistriúchán	fóinéimeach	Ceiltíoch	foghrúil
CD1:	feoil	'meat'	/fʲɔːlʲ/	/f'ɔːl'/	[fʲiɔːˑlʲ]
CD2:	fíon	'wine'	/fʲiːn̠ˠ/	/f'iːɴ/	[fʲiːᵊn̠ˠ]
CD3:	próifíl	'profile'	/pˠɾˠoːfʲiːlʲ/	/prof'iːl'/	[pˠʰɾˠoːˈfʲiːlʲ]
CD4:	Aoife	girl's name	/iːfʲə/	/iːf'ə/	[iːfʲə]

/g/ /g/

Leagan(acha) ortagrafach(a): ⟨g⟩

Gaoth Dobhair

	ortagrafach	aistriúchán	fóinéimeach	Ceiltíoch	foghrúil
GD1a:	guí	'pray'	/giː/	/giː/	[gᵐiː]
GD1b:	Gaeilge	'Irish' (language)	/geːlɪc/	/geːlʹək'/	[gᵐeːlɪcʰ]
GD2:	gúna	'dress'	/gʉːn̪ˠə/	/guːNə/	[gʉːn̪ˠə]
GD3:	íogair	'sensitive'	/iːgɪɾʲ/	/iːgər'/	[iːᵊgᵐɪɾʲ]
GD4:	súgradh	'play'	/sˠʉːgɾˠʉː/	/suːgruː/	[sˠʉːgɾˠʉː]

An Cheathrú Rua

	ortagrafach	aistriúchán	fóinéimeach	Ceiltíoch	foghrúil
CR1a:	guí	'pray'	/giːvʲə/	/giːv'ə/	[gᵐiːvʲə]
CR1b:	Gaeilge	'Irish' (language)	/geːlʲɟɛ/	/geːLʲɟə/	[gᵐeːlʲɟɛ]
CR2:	gúna	'dress'	/guːn̪ˠə/	/guːNə/	[guːn̪ˠə]
CR3:	íogair	'sensitive'	/iːgɪɾʲ/	/iːgər'/	[iːgᵐɪɾʲ]
CR4:	súgradh	'play'	/sˠuːgɾˠə/	/suːgrə/	[sˠuːgɾˠə]

Corca Dhuibhne

	ortagrafach	aistriúchán	fóinéimeach	Ceiltíoch	foghrúil
CD1a:	guí	'pray'	/giː/	/giː/	[gᵐiː]
CD1b:	Gaeilge	'Irish' (language)	/geːl̪ˠənʲ/	/geːl̪ˠənʲ/	[gᵐeːᵊl̪ˠɪmʲ]
CD2:	gúna	'dress'	/guːn̪ˠə/	/guːNə/	[guːn̪ˠə]
CD3:	íogair	'sensitive'	/iːgɪɾʲ/	/iːgər'/	[iːgᵐɪɾʲ]
CD4:	súgradh	'play'	/sˠuːgɾˠə/	/suːgrə/	[sˠuːgəɾˠə]

/ɟ/ /gʲ/

Leagan(acha) ortagrafach(a): ⟨g⟩

....

Gaoth Dobhair

	ortagrafach	aistriúchán	fóinéimeach	Ceiltíoch	foghrúil
GD1:	geal	'bright'	/ɟal̪ˠ/	/gʲaʟ/	[ɟⁱal̪ˠ]
GD2:	gíog	'pip'	/ɟiːg/	/gʲiːg/	[ɟiːᵊg]
GD3:	tuig	'understand'	/t̪ˠˠɪɟ/	/tigʲ/	[t̪ˠʰˠɪɟ]
GD4:	lig	'allow'	/lɪɟ/	/lʲigʲ/	[lɪɟ]

An Cheathrú Rua

	ortagrafach	aistriúchán	fóinéimeach	Ceiltíoch	foghrúil
CR1:	geal	'bright'	/ɟal̪ˠ/	/gʲaʟ/	[ɟⁱaːl̪ˠ]
CR2:	gíog	'pip'	/ɟiːg/	/gʲiːg/	[ɟiːᵊg]
CR3:	tuig	'understand'	/t̪ˠˠɪɟ/	/tigʲ/	[t̪ˠʰᵘɟ]
CR4:	lig	'allow'	/lɪɟ/	/lʲigʲ/	[lɪɟ]

Corca Dhuibhne

	ortagrafach	aistriúchán	fóinéimeach	Ceiltíoch	foghrúil
CD1:	geal	'bright'	/ɟal̪ˠ/	/gʲaʟ/	[ɟⁱaːl̪ˠ]
CD2:	gíog	'pip'	/ɟiːg/	/gʲiːg/	[ɟiːᵊg]
CD3:	tuig	'understand'	/t̪ˠˠɪɟ/	/tigʲ/	[t̪ˠʰᵘⁱɟ]
CD4:	lig	'allow'	/lʲɪɟ/	/lʲigʲ/	[lʲɪɟ]

/ɣ/ /ɣ/

Leagan(acha) ortagrafach(a): ⟨dh⟩, ⟨gh⟩

Gaoth Dobhair

	ortagrafach	aistriúchán	fóinéimeach	Ceiltíoch	foghrúil
GD1:	an-Ghael	'great Gael'	/an̪ˠ ɣeːl̪ˠ/	/aɴ ɣeːʟ/	[an̪ˠ ɣeːᵊl̪ˠ]
GD2:	ródhóchasach	'too hopeful'	/ˈɾˠɔːˈɣɔːxəsˠax/	/ˈrɔːˈɣɔːxəsəx/	[ˈɾˠɔːˈɣɔːhəsˠah]
GD3:	—	—	—	—	—
GD4:	—	—	—	—	—

An Cheathrú Rua

	ortagrafach	aistriúchán	fóinéimeach	Ceiltíoch	foghrúil
CR1:	an-Ghael	'great Gael'	/an̪ˠ ɣeːl̪ˠ/	/aɴ ɣeːʟ/	[aːn̪ˠ ɣeːᵊl̪ˠ]
CR2:	ródhóchasach	'too hopeful'	/ˈɾˠoːˈɣoːxəsˠəx/	/ˈroːˈɣoːxəsəx/	[ˈɾˠoːˈɣoːxəsˠəx]
CR3:	—	—	—	—	—
CR4:	—	—	—	—	—

Corca Dhuibhne

	ortagrafach	aistriúchán	fóinéimeach	Ceiltíoch	foghrúil
CD1:	an-Ghael	'great Gael'	/an̪ˠə ɣeːl̪ˠ/	/aɴə ɣeːʟ/	[an̪ˠə ɣeːᵊl̪ˠ]
CD2:	ródhóchasach	'too hopeful'	/ˈɾˠoːˈɣoːxəsˠəx/	/ˈroːˈɣoːxəsəx/	[ˈɾˠoːˈɣoːxəsˠəx]
CD3:	—	—	—	—	—
CD4:	—	—	—	—	—

/j/ | /j̊/ | /ɟ/   /ɣ′/

Leagan(acha) ortagrafach(a): ⟨dh⟩, ⟨gh⟩

....

Gaoth Dobhair

	ortagrafach	aistriúchán	fóinéimeach	Ceiltíoch	foghrúil
GD1:	an-gheal	'very bright'	/an̪ʲ jal̪ʲ/	/aN ɣ′aL/	[an̪ʲ jaˠl̪ʲ]
GD2:	mo ghiall	'my jaw'	/mʲə ji̊al̪ʲ/	/mə ɣ′iəL/	[mʲə ji̊aˠl̪ʲ]
GD3:	—	—	—	—	—
GD4:	—	—	—	—	—

An Cheathrú Rua

	ortagrafach	aistriúchán	fóinéimeach	Ceiltíoch	foghrúil
CR1:	an-gheal	'very bright'	/an̪ʲ jal̪ʲ/	/aN ɣ′aL/	[aːn̪ʲ jaːˠl̪ʲ]
CR2:	mo ghiall	'my jaw'	/mʲə jiəl̪ʲ/	/mə ɣ′iəL/	[mʲə jiəl̪ʲ]
CR3:	—	—	—	—	—
CR4:	—	—	—	—	—

Corca Dhuibhne

	ortagrafach	aistriúchán	fóinéimeach	Ceiltíoch	foghrúil
CD1:	an-gheal	'very bright'	/an̪ʲə jal̪ʲ/	/aNə ɣ′aL/	[an̪ʲə jaːˠl̪ʲ]
CD2:	mo ghiall	'my jaw'	/mʲə jiəl̪ʲ/	/mə ɣ′iəL/	[mʲə jiəl̪ʲ]
CD3:	—	—	—	—	—
CD4:	—	—	—	—	—

/hˠ/ /h/

Leagan(acha) ortagrafach(a): ⟨h⟩, ⟨sh⟩, ⟨th⟩, ⟨thf⟩

Gaoth Dobhair

	ortagrafach	aistriúchán	fóinéimeach	Ceiltíoch	foghrúil
GD1:	mo thost	'my silence'	/mˠə hˠʌst̪ˠ/	/mə host/	[mˠə hɔst̪ˠʰ]
GD2:	mo shuíochán	'my seat'	/mˠə hʲiːxæːn̪ˠ/	/mə hiːxaːɴ/	[mˠə hiːᵊhan̪ˠ]
GD3:	cath	'battle'	/kahˠ/	/kah/	[kʰæh]
GD4:	díothú	'extinction'	/d͡ʒiːhˠʉː/	/dʲiːhuː/	[d͡ʒiːhʉː]

An Cheathrú Rua

	ortagrafach	aistriúchán	fóinéimeach	Ceiltíoch	foghrúil
CR1:	mo thost	'my silence'	/mˠə hˠʌst̪ˠ/	/mə host/	[mˠə hʌst̪ˠʰ]
CR2:	—	—	—	—	—
CR3:	cath	'battle'	/kahˠ/	/kah/	[kʰa]
CR4:	díothú	'extinction'	/d̪ʲiːhˠu/	/dʲiːhuː/	[dʲiːhuː]

Corca Dhuibhne

	ortagrafach	aistriúchán	fóinéimeach	Ceiltíoch	foghrúil
CD1:	mo thost	'my silence'	/mˠə hˠʌst̪ˠ/	/mə host/	[mˠə hʌst̪ˠʰ]
CD2:	mo shuíochán	'my seat'	/mˠə hʲiːxɑːn̪ˠ/	/mə hiːxaːɴ/	[mˠə hiːᵊˈxɑːn̪ˠ]
CD3:	cath	'battle'	/kahˠ/	/kah/	[kʰaˑ]
CD4:	díothú	'extinction'	/dʲiːhˠuː/	/dʲiːhuː/	[dʲiːˈhuː]

/hʲ/ /h´/

Leagan(acha) ortagrafach(a): ⟨h⟩, ⟨sh⟩, ⟨th⟩, ⟨thf⟩

Gaoth Dobhair

	ortagrafach	aistriúchán	fóinéimeach	Ceiltíoch	foghrúil
GD1:	—	—	—	—	—
GD2:	mo shíol	'my seed'	/mˠə hʲiːlˠ/	/mə h´iːL/	[mˠə hiːəl̥ˠ]
GD3:	caith	'throw'	/kahʲ/	/kah´/	[kʰaʲh]
GD4:	dlíthiúil	'legal'	/d͡ʒlʲiːhʲʉːl/	/d´l´i:h´u:l´/	[d͡ʒlʲiːhʲʉːˑl]

An Cheathrú Rua

	ortagrafach	aistriúchán	fóinéimeach	Ceiltíoch	foghrúil
CR1:	—	—	—	—	—
CR2:	mo shíol	'my seed'	/mˠə hʲiːlˠ/	/mə h´iːL/	[mˠə hiːəl̥ˠ]
CR3:	caith	'throw'	/kahʲ/	/kah´/	[kʰa]
CR4:	—	—	—	—	—

Corca Dhuibhne

	ortagrafach	aistriúchán	fóinéimeach	Ceiltíoch	foghrúil
CD1:	—	—	—	—	—
CD2:	mo shíol	'my seed'	/mˠə hʲiːlˠ/	/mə h´iːL/	[mˠə hiːəl̥ˠ]
CD3:	caith	'throw'	/kahʲ/	/kah´/	[kʰaˑ]
CD4:	dlíthiúil	'legal'	/dʲlʲiˈhʲuːlʲ/	/d´l´i'h´u:l´/	[dʲlʲiˈhʲuːˑlʲ]

/ɪ/   /i/

Leagan(acha) ortagrafach(a): ⟨i⟩, ⟨io⟩, ⟨ui⟩

Gaoth Dobhair

	ortagrafach	aistriúchán	fóinéimeach	Ceiltíoch	foghrúil
GD1:	criticiúil	'critical'	/cɾʲɪt͡ʃɪcɣl/	/kʲrʲitʲikʲulʲ/	[cʰɾʲɪt͡ʃɪcʰɣˠl]
GD2:	crios	'belt'	/cɾʲɪsˠ/	/kʲrʲis/	[cʰɾʲɪˠsˠ]
GD3:	cruidín	'kingfisher'	/kɾˠɪd͡ʒiːnʲ/	/kridʲiːnʲ/	[kʰɾˠɪd͡ʒiːnʲ]
GD4:	—	—	—	—	—

An Cheathrú Rua

	ortagrafach	aistriúchán	fóinéimeach	Ceiltíoch	foghrúil
CR1:	criticiúil	'critical'	/cɾʲɪtʲɪcuːl/	/kʲrʲitʲikʲuːlʲ/	[cʰɾʲɪtʲɪcʰuːˈl]
CR2:	crios	'belt'	/cɾʲɪsˠ/	/kʲrʲis/	[cʰɾʲɪˠsˠ]
CR3:	cruidín	'kingfisher'	/kɾˠɪdʲiːnʲ/	/kridʲiːnʲ/	[kʰɾˠɪdʲiːnʲ]
CR4:	—	—	—	—	—

Corca Dhuibhne

	ortagrafach	aistriúchán	fóinéimeach	Ceiltíoch	foghrúil
CD1:	criticiúil	'critical'	/cɾʲɪtʲɪˈcuːlʲ/	/kʲrʲitʲiˈkʲuːlʲ/	[cʰɾʲɪtʲʰɪˈcʰuːˈlʲ]
CD2:	crios	'belt'	/cɾʲɪsˠ/	/kʲrʲis/	[cʰɾʲɪˠsˠ]
CD3:	cruidín	'kingfisher'	/kɾˠɪˈdʲiːnʲ/	/kriˈdʲiːnʲ/	[kʰɾˠɪˈdʲiːnʲ]
CD4:	—	—	—	—	—

/iː/ /iː/

Leagan(acha) ortagrafach(a): ⟨í⟩, ⟨ío⟩, ⟨aí⟩, ⟨uí⟩, ⟨aoi⟩, ⟨aío⟩, ⟨uío⟩, ⟨ao⟩

....

Gaoth Dobhair

	ortagrafach	aistriúchán	fóinéimeach	Ceiltíoch	foghrúil
GD1:	lín	'net' (genitive)	/lʲiːn̠ʲ/	/LʹiːN′/	[lʲiːn̠ʲ]
GD2:	líon	'net'	/lʲiːn̠ˠ/	/LʹiːN/	[lʲiːᵊn̠ˠ]
GD3:	suímh	'site' (genitive)	/sˠiːvʲ/	/siːvʹ/	[sˠᵾiːvʲ]
GD4:	suíomh	'site'	/sˠiːw/	/siːv/	[sˠᵾiːᵊw]

An Cheathrú Rua

	ortagrafach	aistriúchán	fóinéimeach	Ceiltíoch	foghrúil
CR1:	lín	'net' (genitive)	/lʲiːn̠ʲ/	/LʹiːN′/	[lʲiːn̠ʲ]
CR2:	líon	'net'	/lʲiːn̠ˠ/	/LʹiːN/	[lʲiːᵊn̠ˠ]
CR3:	suímh	'site' (genitive)	/sˠiːvʲ/	/siːvʹ/	[sˠᵾiːvʲ]
CR4:	suíomh	'site'	/sˠiːw/	/siːv/	[sˠᵾiːᵊvˠ]

Corca Dhuibhne

	ortagrafach	aistriúchán	fóinéimeach	Ceiltíoch	foghrúil
CD1:	lín	'net' (genitive)	/lʲiːn̠ʲ/	/lʹiːn′/	[lʲiːn̠ʲ]
CD2:	líon	'net'	/lʲiːn̠ˠ/	/lʹiːN/	[lʲiːᵊn̠ˠ]
CD3:	suímh	'site' (genitive)	/sˠiːvʲ/	/siːvʹ/	[sˠᵾiːvʲ]
CD4:	suíomh	'site'	/sˠiːvˠ/	/siːv/	[sˠᵾiːᵊvˠ]

/iə/ | /iə/ | /iə/   /iə/

Leagan(acha) ortagrafach(a): ⟨iai⟩, ⟨ia⟩

....

Gaoth Dobhair

	ortagrafach	aistriúchán	fóinéimeach	Ceiltíoch	foghrúil
GD1:	triail	'test; trial'	/t͡ʃrʲial/	/tʹrʹiəlʹ/	[t͡ʃrʲial]
GD2:	triall	'trip; destination'	/t͡ʃrʲial̪ˠ/	/tʹrʹiəʟ/	[t͡ʃrʲiaᵊl̪ˠ]
GD3:	—	—	—	—	—
GD4:	—	—	—	—	—

An Cheathrú Rua

	ortagrafach	aistriúchán	fóinéimeach	Ceiltíoch	foghrúil
CR1:	triail	'test; trial'	/t̪ʲrʲiəlʲ/	/tʹrʹiəlʹ/	[t̪ʲʰrʲiəlʲ]
CR2:	triall	'trip; destination'	/t̪ʲrʲiəl̪ˠ/	/tʹrʹiəʟ/	[t̪ʲʰrʲiəl̪ˠ]
CR3:	—	—	—	—	—
CR4:	—	—	—	—	—

Corca Dhuibhne

	ortagrafach	aistriúchán	fóinéimeach	Ceiltíoch	foghrúil
CD1:	triail	'test; trial'	/tʲrʲiəlʲ/	/tʹrʹiəlʹ/	[tʲʰrʲiəlʲ]
CD2:	triall	'trip; destination'	/tʲrʲiəl̪ˠ/	/tʹrʹiəʟ/	[tʲʰrʲiəl̪ˠ]
CD3:	—	—	—	—	—
CD4:	—	—	—	—	—

/l̪ʲ/ /L/

Leagan(acha) ortagrafach(a): ⟨l⟩, ⟨ll⟩

Gaoth Dobhair

	ortagrafach	aistriúchán	fóinéimeach	Ceiltíoch	foghrúil
GD1:	luí	'lie'	/l̪ʲiː/	/Liː/	[l̪ʲɯiː]
GD2:	sloc	'shaft'	/sʲl̪ʲʌk/	/sLok/	[sʲl̪ʲɔkʰ]
GD3:	caol	'narrow'	/kiːl̪ʲ/	/kiːL/	[kʰɯiːəl̪ʲ]
GD4:	poll	'hole'	/pʲʌl̪ʲ/	/poL/	[pʲʰʌl̪ʲ]

An Cheathrú Rua

	ortagrafach	aistriúchán	fóinéimeach	Ceiltíoch	foghrúil
CR1:	—	—			
CR2:	sloc	'shaft'	/sʲl̪ʲʌk/	/sLok/	[sʲl̪ʲʌˈcʰ]
CR3:	caol	'narrow'	/kiːl̪ʲ/	/kiːL/	[kʰɯiːəl̪ʲ]
CR4:	poll	'hole'	/pʲaul̪ʲ/	/pauL/	[pʲʰaul̪ʲ]

Corca Dhuibhne

	ortagrafach	aistriúchán	fóinéimeach	Ceiltíoch	foghrúil
CD1:	luí	'lie'	/l̪ʲiː/	/Liː/	[l̪ʲɯiː]
CD2:	sloc	'shaft'	/sʲl̪ʲʊk/	/sLuk/	[sʲl̪ʲʊkʰ]
CD3:	caol	'narrow'	/keːl̪ʲ/	/keːL/	[kʰɯeːəl̪ʲ]
CD4:	poll	'hole'	/pʲaul̪ʲ/	/pauL/	[pʲʰaul̪ʲ]

/l/ /l′/

Leagan(acha) ortagrafach(a): ⟨l⟩

Gaoth Dobhair

	ortagrafach	aistriúchán	fóinéimeach	Ceiltíoch	foghrúil
GD1:	lig	'allow'	/lɪɟ/	/l′ig′/	[lɪɟ]
GD2:	le	'with'	/lɛ/	/l′e/	[lɛ]
GD3:	—	—	—	—	—
GD4:	feoil	'meat'	/fʲɔːl/	/f′ɔːl′/	[fʲiɔːˑl]

An Cheathrú Rua

	ortagrafach	aistriúchán	fóinéimeach	Ceiltíoch	foghrúil
CR1:	lig	'allow'	/lɪɟ/	/l′ig′/	[lɪɟ]
CR2:	le	'with'	/lɛ/	/l′e/	[lɛ]
CR3:	—	—	—	—	—
CR4:	feoil	'meat'	/fʲoːl/	/f′oːl′/	[fʲoːˑl]

/l̠ʲ/ | /l̪ʲ/ | /lʲ/   /L'/

Leagan(acha) ortagrafach(a): ⟨l⟩, ⟨ll⟩

....

Gaoth Dobhair

	ortagrafach	aistriúchán	fóinéimeach	Ceiltíoch	foghrúil
GD1:	sliocht	'excerpt'	/c̠l̪ʲʌxt̠ˠ/	/s'L'oxt/	[c̠l̪ʲⁱʌxt̠ˠʰ]
GD2:	sléacht	'massacre'	/c̠l̪ʲeːxt̠ˠ/	/s'L'eːxt/	[c̠l̪ʲeːəxt̠ˠʰ]
GD3:	tuill	'earn'	/t̠ˠɪl̪ʲ/	/tiL'/	[t̠ˠʰɪl̪ʲ]
GD4:	fill	'fold'	/fʲɪl̪ʲ/	/fiL'/	[fʲɪl̪ʲ]

An Cheathrú Rua

	ortagrafach	aistriúchán	fóinéimeach	Ceiltíoch	foghrúil
CR1:	sliocht	'excerpt'	/c̠lʲʌxt̠ˠ/	/s'L'oxt/	[c̠lʲⁱʌxt̠ˠʰ]
CR2:	sléacht	'massacre'	/c̠lʲeːxt̠ˠ/	/s'L'eːxt/	[c̠lʲeːəxt̠ˠʰ]
CR3:	tuill	'earn'	/t̠ˠɛlʲ/	/teL'/	[t̠ˠʰɛlʲ]
CR4:	fill	'fold'	/fʲɪl̪ʲ/	/fiL'/	[fʲɪl̪ʲ]

Corca Dhuibhne

	ortagrafach	aistriúchán	fóinéimeach	Ceiltíoch	foghrúil
CD1:	sliocht	'excerpt'	/ʃlʲʌxt̠ˠ/	/s'l'oxt/	[ʃlʲⁱʌxt̠ˠʰ]
CD2:	sléacht	'massacre'	/ʃlʲeːxt̠ˠ/	/s'l'eːxt/	[ʃlʲeːəxt̠ˠʰ]
CD3:	tuill	'earn'	/t̠ˠɪlʲ/	/til'/	[t̠ˠʰʌˈlʲ]
CD4:	fill	'fold'	/fʲiːlʲ/	/fiːl'/	[fʲiːlʲ]

/hʟ/

Leagan(acha) ortagrafach(a): ⟨lf⟩, ⟨llf⟩, ⟨shl⟩, ⟨thl⟩

....

Gaoth Dobhair

	ortagrafach	aistriúchán	fóinéimeach	Ceiltíoch	foghrúil
GD1:	—	—	—	—	—
GD2:	shlog	'swallow' (past)	/l̥ˠʌg/	/hʟog/	[xl̥ˠʌg]
GD3:	craolfaidh	'broadcast' (future)	/kɾˠeːl̥ˠiː/	/kreːhʟiː/	[kʰɾˠeːəl̥ˠiː]
GD4:	pollfaidh	'puncture' (future)	/pˠʌl̥ˠiː/	/pʌhʟiː/	[pˠʰʌl̥ˠiː]

An Cheathrú Rua

	ortagrafach	aistriúchán	fóinéimeach	Ceiltíoch	foghrúil
CR1:	—	—	—	—	—
CR2:	shlog	'swallow' (past)	/l̥ˠɪg/	/hʟig/	[xl̥ˠʌɪg]
CR3:	craolfaidh	'broadcast' (future)	/kɾˠiːl̥ˠə/	/kriːhʟə/	[kʰɾˠiːl̥ˠə]
CR4:	pollfaidh	'puncture' (future)	/pˠaul̥ˠə/	/pauhʟə/	[pˠʰaul̥ˠə]

Corca Dhuibhne

	ortagrafach	aistriúchán	fóinéimeach	Ceiltíoch	foghrúil
CD1:	—	—	—	—	—
CD2:	shlog	'swallow' (past)	/l̥ˠʊg/	/hʟug/	[hl̥ˠʊg]
CD3:	craolfaidh	'broadcast' (future)	/kɾˠeːl̥ˠɪʝ/	/kreːhʟəgʲ/	[kʰɾˠeːəl̥ˠɪʝ]
CD4:	pollfaidh	'puncture' (future)	/pˠaul̥ˠɪʝ/	/pauhʟəgʲ/	[pˠʰaul̥ˠɪʝ]

/l̥/ /hl'/

Leagan(acha) ortagrafach(a): ⟨lf⟩

....

Gaoth Dobhair

	ortagrafach	aistriúchán	fóinéimeach	Ceiltíoch	foghrúil
GD1:	—	—	—	—	—
GD2:	—	—	—	—	—
GD3:	tuilfidh	'flood' (future)	/t̪ˠɪli:/	/tihl'i:/	[t̪ˠʰɯɪl̥i:]
GD4:	—	—	—	—	—

An Cheathrú Rua

	ortagrafach	aistriúchán	fóinéimeach	Ceiltíoch	foghrúil
CR1:	—	—	—	—	—
CR2:	—	—	—	—	—
CR3:	tuilfidh	'flood' (future)	/t̪ˠɪlə/	/tihl'ə/	[t̪ˠʰɯɪl̥ə]
CR4:	—	—	—	—	—

/l̪̊ʲ/ | /l̥ʲ/ | /l̥ʲ/   /hʟ′/

Leagan(acha) ortagrafach(a): ⟨llf⟩, ⟨shl⟩, ⟨thl⟩

....

Gaoth Dobhair

	ortagrafach	aistriúchán	fóinéimeach	Ceiltíoch	foghrúil
GD1:	mo shliochtach	'my descendant'	/mʲə l̥ʲʌxt̪ʲax/	/mə hʟ′oxtəx/	[mʲə c̥͡l̥ʲiʌxt̪ʲʰah]
GD2:	drochshléacht	'bad massacre'	/ˈd̪ʲɾʲʌxˈl̥ʲeːxt̪ʲ/	/ˈdrɔxˈhʟ′eːxt/	[ˈd̪ʲɾʲʌxˈc̥͡l̥ʲeːəxt̪ʲʰ]
GD3:	tuillfidh	'earn' (future)	/t̪ʲil̥ʲiː/	/tihʟ′iː/	[t̪ʲʰɯl̥ʲiː]
GD4:	fillfidh	'fold' (future)	/fʲil̥ʲiː/	/fihʟ′iː/	[fʲil̥ʲiː]

An Cheathrú Rua

	ortagrafach	aistriúchán	fóinéimeach	Ceiltíoch	foghrúil
CR1:	mo shliochtach	'my descendant'	/mʲə l̥ʲʌxt̪ʲəx/	/mə hʟ′oxtəx/	[mʲə c̥͡l̥ʲiʌxt̪ʲʰəx]
CR2:	drochshléacht	'bad massacre'	/ˈd̪ʲɾʲʌxˈl̥ʲeːxt̪ʲ/	/ˈdrɔxˈhʟ′eːxt/	[ˈd̪ʲɾʲʌxˈc̥͡l̥ʲeːəxt̪ʲʰ]
CR3:	tuillfidh	'earn' (future)	/t̪ʲil̥ʲə/	/tihʟ′ə/	[t̪ʲʰɯl̥ʲə]
CR4:	fillfidh	'fold' (future)	/fʲil̥ʲə/	/fihʟ′ə/	[fʲil̥ʲə]

Corca Dhuibhne

	ortagrafach	aistriúchán	fóinéimeach	Ceiltíoch	foghrúil
CD1:	mo shliochtach	'my descendant'	/mʲə lʲʌxt̪ʲəx/	/mə hl′oxtəx/	[mʲə c͡lʲiʌxt̪ʲʰəx]
CD2:	drochshléacht	'bad massacre'	/ˈd̪ʲɾʲʌxˈlʲeːxt̪ʲ/	/ˈdrɔxˈhl′eːxt/	[ˈd̪ʲɾʲʌxˈc͡lʲeːəxt̪ʲʰ]
CD3:	tuillfidh	'earn' (future)	/t̪ʲiːlʲɪŋ/	/tiːhl′əgʲ/	[t̪ʲʰiːlʲɪŋ]
CD4:	fillfidh	'fold' (future)	/fʲiːlʲɪŋ/	/fiːhl′əgʲ/	[fʲiːlʲɪŋ]

/mˠ/   /m/

Leagan(acha) ortagrafach(a): ⟨m⟩

Gaoth Dobhair

	ortagrafach	aistriúchán	fóinéimeach	Ceiltíoch	foghrúil
GD1:	amuigh	'outside'	/əˈmˠiːhʲ/	/əˈmiːhʲ/	[əˈmˠʷɯiːh]
GD2:	mór	'big'	/mˠoːɾˠ/	/moːr/	[mˠoːɾˠ]
GD3:	taom	'seizure'	/t̪ˠiːmˠ/	/tiːm/	[t̪ˠʰiːəmˠ]
GD4:	fúm	'under me'	/fˠuːmˠ/	/fuːm/	[fˠuːmˠ]

An Cheathrú Rua

	ortagrafach	aistriúchán	fóinéimeach	Ceiltíoch	foghrúil
CR1:	amuigh	'outside'	/əˈmˠiːhʲ/	/əˈmiːhʲ/	[əˈmˠʷɯiːç]
CR2:	mór	'big'	/mˠoːɾˠ/	/moːr/	[mˠoːɾˠ]
CR3:	taom	'seizure'	/t̪ˠiːmˠ/	/tiːm/	[t̪ˠʰiːəmˠ]
CR4:	fúm	'under me'	/fˠuːmˠ/	/fuːm/	[fˠuːmˠ]

Corca Dhuibhne

	ortagrafach	aistriúchán	fóinéimeach	Ceiltíoch	foghrúil
CD1:	—	—			
CD2:	mór	'big'	/mˠuːɾˠ/	/muːr/	[mˠuːɾˠ]
CD3:	taom	'seizure'	/t̪ˠeːmˠ/	/teːm/	[t̪ˠʰeːəmˠ]
CD4:	fúm	'under me'	/fˠuːmˠ/	/fuːm/	[fˠuːmˠ]

/mʲ/ /m′/

Leagan(acha) ortagrafach(a): ⟨m⟩

....

Gaoth Dobhair

	ortagrafach	aistriúchán	fóinéimeach	Ceiltíoch	foghrúil
GD1:	meon	'attitude'	/mʲoːn̪ˠ/	/m′oːɴ′/	[mʲⁱoːn̪ˠ]
GD2:	míosa	'month' (genitive)	/mʲiːsˠə/	/m′iːsə/	[mʲiːᵊsˠə]
GD3a:	suim	'interest'	/sˠɤmʲ/	/sum′/	[sˠɤˈmʲ]
GD3b:	coim	'waist'	/kˠʌmʲ/	/kom′/	[kʰʌˈmʲ]
GD4a:	im	'butter'	/mʲ/	/im′/	[ɪmʲ]
GD4b:	timpeall	'around'	/t͡ʃimʲpʲəl̪ˠ/	/t′im′p′əʟ/	[t͡ʃimʲpʲʰəl̪ˠ]

An Cheathrú Rua

	ortagrafach	aistriúchán	fóinéimeach	Ceiltíoch	foghrúil
CR1:	meon	'attitude'	/mʲoːn̪ˠ/	/m′oːɴ′/	[mʲⁱoːn̪ˠ]
CR2:	míosa	'month' (genitive)	/mʲiːsˠə/	/m′iːsə/	[mʲiːᵊsˠə]
CR3a:	suim	'interest'	/sˠiːmʲ/	/siːm′/	[sˠᵛⁱiːmʲ]
CR3b:	coim	'waist'	/kˠɪmʲ/	/kim′/	[kʰʌɪmʲ]
CR4a:	im	'butter'	/iːmʲ/	/iːm′/	[iːmʲ]
CR4b:	timpeall	'around'	/t̪ʲiːmʲpʲəl̪ˠ/	/t′iːm′p′əʟ/	[t̪ʲʰiːmʲpʲʰəl̪ˠ]

Corca Dhuibhne

	ortagrafach	aistriúchán	fóinéimeach	Ceiltíoch	foghrúil
CD1:	meon	'attitude'	/mʲoːn̪ˠ/	/m′oːɴ′/	[mʲⁱoːn̪ˠ]
CD2:	míosa	'month' (genitive)	/mʲiːsˠə/	/m′iːsə/	[mʲiːᵊsˠə]
CD3a:	suim	'interest'	/sˠiːmʲ/	/siːm′/	[sˠᵛⁱiːmʲ]
CD3b:	coim	'waist'	/kˠiːmʲ/	/kiːm′/	[kʰʌiːmʲ]
CD4a:	im	'butter'	/iːmʲ/	/iːm′/	[iːmʲ]
CD4b:	timpeall	'around'	/tʲiːmʲpʲəl̪ˠ/	/t′iːm′p′əʟ/	[tʲʰiːmʲpʲʰəl̪ˠ]

/m̥ˠ/   /hm/

Leagan(acha) ortagrafach(a): ⟨mf⟩, ⟨shm⟩

....

Gaoth Dobhair

	ortagrafach	aistriúchán	fóinéimeach	Ceiltíoch	foghrúil
GD1:	shmaoinigh	'thought'	/m̥ˠiːnʲiː/	/hmiːnʲ'iː/	[xm̥͡ˠʷɯiːnʲiː]
GD2:	mo shmólach	'my thrush'	/mˠə m̥ˠoːlˠax/	/mə hmoːlax/	[mˠə xm̥͡ˠoːlˠax]
GD3:	cromfaidh	'crouch' (future)	/kɾˠʌm̥ˠiː/	/krohmiː/	[kʰɾˠʌm̥ˠiː]
GD4:	—	—	—	—	—

An Cheathrú Rua

	ortagrafach	aistriúchán	fóinéimeach	Ceiltíoch	foghrúil
CR1:	—	—	—	—	—
CR2:	—	—	—	—	—
CR3:	cromfaidh	'crouch' (future)	/kɾˠʌm̥ˠə/	/krohmə/	[kʰɾˠʌm̥ˠə]
CR4:	—	—	—	—	—

Corca Dhuibhne

	ortagrafach	aistriúchán	fóinéimeach	Ceiltíoch	foghrúil
CD1:	shmaoinigh	'thought'	/m̥ˠiːnʲɪʝ/	/hmiːnʲəʝ/	[m̥ˠʷɯiːnʲɪʝ]
CD2:	mo shmólach	'my thrush'	/mˠə m̥ˠoːlˠax/	/mə hmoːləx/	[mˠə m̥ˠoːlˠax]
CD3:	cromfaidh	'crouch' (future)	/kɾˠɔum̥ˠɪʝ/	/krauhməɟ'/	[kʰɾˠɔum̥ˠɪʝ]
CD4:	—	—	—	—	—

/m̥ʲ/   /hmʲ/

Leagan(acha) ortagrafach(a): ⟨mf⟩, ⟨shm⟩

....

Gaoth Dobhair

	ortagrafach	aistriúchán	fóinéimeach	Ceiltíoch	foghrúil
GD1:	mo shmior	'my marrow'	/mˠə m̥ʲɪɾˠ/	/mə hmʲir/	[mˠə m̥ʲɪɾˠ]
GD2:	mo shmidiú	'my make-up'	/mˠə m̥ʲɪdʲʉː/	/mə hmʲidʲuː/	[mˠə m̥ʲɪdʲiʉː]
GD3:	—	—	—	—	—
GD4:	léimfinn	'I would jump'	/lʲeːm̥ʲmʲ/	/LʲeːhmʲiN/	[lʲeːm̥ʲmʲ]

An Cheathrú Rua

	ortagrafach	aistriúchán	fóinéimeach	Ceiltíoch	foghrúil
CR1:	—	—	—	—	—
CR2:	—	—	—	—	—
CR3:	—	—	—	—	—
CR4:	léimfinn	'I would jump'	/lʲeːm̥ʲmʲ/	/LʲeːhmʲiN/	[lʲeːm̥ʲmʲ]

Corca Dhuibhne

	ortagrafach	aistriúchán	fóinéimeach	Ceiltíoch	foghrúil
CD1:	mo shmior	'my marrow'	/mˠə m̥ʲʌɾˠ/	/mə hmʲor/	[mˠə m̥ʲiʌɾˠ]
CD2:	mo shmidiú	'my make-up'	/mˠə m̥ʲɪˈdʲuː/	/mə hmʲiˈdʲuː/	[mˠə m̥ʲɪˈdʲiuː]
CD3:	—	—	—	—	—
CD4:	léimfinn	'I would jump'	/lʲeːm̥ʲmʲ/	/lʲeːhmʲin/	[lʲeːm̥ʲmʲ]

Aguisín: Fuaimeanna na Gaeilge 133

/n̪ˠ/ /N/

Leagan(acha) ortagrafach(a): ⟨n⟩, ⟨nd⟩, ⟨nn⟩

....

Gaoth Dobhair

	ortagrafach	aistriúchán	fóinéimeach	Ceiltíoch	foghrúil
GD1:	—	—	—	—	—
GD2:	snag	'hiccup'	/sˠn̪ˠag/	/snag/	[sˠn̪ˠaˑg]
GD3:	íon	'pure'	/iːn̪ˠ/	/iːN/	[iːən̪ˠ]
GD4:	rún	'secret'	/rˠuːn̪ˠ/	/ruːN/	[rˠuːn̪ˠ]
GD5:	an uaimh	'the cave'	/ən̪ˠ uavʲ/	/əN uəvʲ/	[ən̪ˠ uavʲ]

An Cheathrú Rua

	ortagrafach	aistriúchán	fóinéimeach	Ceiltíoch	foghrúil
CR1:	—	—	—	—	—
CR2:	snag	'hiccup'	/sˠn̪ˠag/	/snag/	[sˠn̪ˠaːg]
CR3:	íon	'pure'	/iːn̪ˠ/	/iːN/	[iːən̪ˠ]
CR4:	rún	'secret'	/rˠuːn̪ˠ/	/ruːN/	[rˠuːn̪ˠ]
CR5:	an uaimh	'the cave'	/ən̪ˠ uavʲ/	/əN uəvʲ/	[ən̪ˠ uəˈvʲ]

Corca Dhuibhne

	ortagrafach	aistriúchán	fóinéimeach	Ceiltíoch	foghrúil
CD1:	—	—	—	—	—
CD2:	snag	'hiccup'	/sˠn̪ˠag/	/snag/	[sˠn̪ˠaˑg]
CD3:	íon	'pure'	/iːn̪ˠ/	/iːN/	[iːən̪ˠ]
CD4:	rún	'secret'	/rˠuːn̪ˠ/	/ruːN/	[rˠuːn̪ˠ]
CD5:	an uaimh	'the cave'	/ən̪ˠ uavʲ/	/əN uəvʲ/	[ən̪ˠ uəˈvʲ]

/n/ /nʲ/

Leagan(acha) ortagrafach(a): ⟨n⟩

....

Gaoth Dobhair

	ortagrafach	aistriúchán	fóinéimeach	Ceiltíoch	foghrúil
GD1:	—	—	—	—	—
GD2:	—	—	—	—	—
GD3:	daoine	'people'	/d̪ˠiːniː/	/diːnʲiː/	[d̪ˠɯiːniː]
GD4:	—	—	—	—	—

An Cheathrú Rua

	ortagrafach	aistriúchán	fóinéimeach	Ceiltíoch	foghrúil
CR1:	—	—	—	—	—
CR2:	—	—	—	—	—
CR3:	daoine	'people'	/d̪ˠiːnɛ/	/diːnʲə/	[d̪ˠɯiːnɛ]
CR4:	—	—	—	—	—

Aguisín: Fuaimeanna na Gaeilge

/n̪ʲ/ | /n̠ʲ/ | /nʲ/   /N'/

Leagan(acha) ortagrafach(a): ⟨nd⟩, ⟨nn⟩

....

Gaoth Dobhair

	ortagrafach	aistriúchán	fóinéimeach	Ceiltíoch	foghrúil
GD1:	sniogtha	'strip-cut'	/ɕn̠ʲʌkə/	/s'N'okə/	[ɕn̠ʲiʌkʰə]
GD2:	sneachtúil	'snowy'	/ɕn̠ʲaxt̠ˠʉːl/	/s'N'axtuːl'/	[ɕn̠ʲaxt̠ˠʰʉːˈl]
GD3:	coinníoll	'condition'	/kʌn̠ʲal̠ˠ/	/koN'aL/	[kʰʌˈn̠ʲaəl̠ˠ]
GD4a:	áineas	'recreation'	/æːn̠ʲəsˠ/	/aːN'əs/	[æːn̠ʲəsˠ]
GD4b:	binn	'gable'	/bʲin̠ʲ/	/biN'/	[bʲin̠ʲ]
GD4c:	seinn	'play'	/ɕɛn̠ʲ/	/s'eN'/	[ɕɛn̠ʲ]
GD5:	an iascaireacht	'the fishing'	/ən̠ʲ iasˠkɪɾʲaxt̠ˠ/	/əN' iəskir'əxt/	[ən̠ʲ iasˠkɪɾʲaxt̠ˠ]

An Cheathrú Rua

	ortagrafach	aistriúchán	fóinéimeach	Ceiltíoch	foghrúil
CR1:	sniogtha	'strip-cut'	/ɕn̠ʲʌkiː/	/s'N'okiː/	[ɕn̠ʲiʌkʰɯiː]
CR2:	sneachtúil	'snowy'	/ɕn̠ʲaxt̠ˠʉːl/	/s'N'axtuːl'/	[ɕn̠ʲaxt̠ˠʰʉːˈl]
CR3:	coinníoll	'condition'	/kn̠ʲiːl̠ˠ/	/kiN'iːL/	[kʰʌn̠ʲiːəl̠ˠ]
CR4a:	áineas	'recreation'	/ɑːn̠ʲəsˠ/	/aːN'əs/	[ɑːˈn̠ʲəsˠ]
CR4b:	binn	'gable'	/bʲiːn̠ʲ/	/biN'/	[bʲiːn̠ʲ]
CR4c:	seinn	'play'	/ɕɛn̠ʲ/	/s'eN'/	[ɕᵉn̠ʲ]
CR5:	an iascaireacht	'the fishing'	/ən̠ʲ iasˠkɪɾʲəxt̠ˠ/	/əN' iəskir'əxt/	[ən̠ʲ iasˠkɪɾʲəxt̠ˠ]

Corca Dhuibhne

	ortagrafach	aistriúchán	fóinéimeach	Ceiltíoch	foghrúil
CD1:	sniogtha	'strip-cut'	/ʃnʲʌkəhʲɛ/	/s'n'okəhə/	[ʃnʲiʌkʰɯɪhɛ]
CD2:	sneachtúil	'snowy'	/ʃnʲaxˈt̠ˠʉːlʲ/	/s'n'ax'tuːl'/	[ʃnʲaxˈt̠ˠʰʉːˈlʲ]
CD3:	coinníoll	'condition'	/kɪˈnʲiːl̠ˠ/	/ki'n'iːL/	[kʰʌɪˈnʲiːəl̠ˠ]
CD4a:	áineas	'recreation'	/ɑːnʲəsˠ/	/aːn'əs/	[ɑːˈnʲəsˠ]
CD4b:	binn	'gable'	/bʲiːnʲ/	/bin'/	[bʲiːnʲ]
CD4c:	seinn	'play'	/ʃainʲ/	/s'ain'/	[ʃainʲ]
CD5:	—	—	—	—	—

/n̥ˠ/   /hN/

Leagan(acha) ortagrafach(a): ⟨nf⟩, ⟨nnf⟩, ⟨shn⟩, ⟨thn⟩

....

Gaoth Dobhair

	ortagrafach	aistriúchán	fóinéimeach	Ceiltíoch	foghrúil
GD1a:	mo shnaidhm	'my knot'	/mˠə n̥ˠiːmʲ/	/mə hNiːmʲ/	[mˠə xn̥ˠɯiːmʲ]
GD1b:	shnoite	'refined'	/n̥ˠɪtʲə/	/hNitʲə/	[xn̥ˠʌtʲʰə]
GD2:	róshnagach	'too stuttery'	/rˠoːˈn̥ˠagax/	/roːhNagəx/	[rˠoːxn̥ˠagah]
GD3:	líonfaidh	'fill' (future)	/lʲiːn̥ˠiː/	/LʲiːhNiː/	[lʲiːən̥ˠiː]
GD4:	dúnfaidh	'close' (future)	/d̪ˠuːn̥ˠiː/	/duːhNiː/	[d̪ˠuːn̥ˠiː]

An Cheathrú Rua

	ortagrafach	aistriúchán	fóinéimeach	Ceiltíoch	foghrúil
CR1a:	mo shnaidhm	'my knot'	/mˠə n̥ˠiːmʲ/	/mə hNiːmʲ/	[mˠə n̥ˠɯiːmʲ]
CR1b:	—	—	—	—	—
CR2:	—	—	—	—	—
CR3:	líonfaidh	'fill' (future)	/lʲiːn̥ˠə/	/LʲiːhNə/	[lʲiːən̥ˠə]
CR4:	—	—	—	—	—

Corca Dhuibhne

	ortagrafach	aistriúchán	fóinéimeach	Ceiltíoch	foghrúil
CD1a:	mo shnaidhm	'my knot'	/mˠə n̥ˠiːmʲ/	/mə hNiːmʲ/	[mˠə n̥ˠɯiːmʲ]
CD1b:	shnoite	'refined'	/n̥ˠɪtʲə/	/hNitʲə/	[n̥ˠʌtʲʰə]
CD2:	róshnagach	'too stuttery'	/rˠoːˈn̥ˠagəx/	/roːhNagəx/	[rˠoːˈn̥ˠagəx]
CD3:	líonfaidh	'fill' (future)	/lʲiːn̥ˠɪŋ/	/lʲiːhNəgʲ/	[lʲiːən̥ˠɪŋ]
CD4:	dúnfaidh	'close' (future)	/d̪ˠuːn̥ˠɪŋ/	/duːhNəgʲ/	[d̪ˠuːn̥ˠɪŋ]

/n̥/ /hn′/

Leagan(acha) ortagrafach(a): ⟨nf⟩

....

Gaoth Dobhair

	ortagrafach	aistriúchán	fóinéimeach	Ceiltíoch	foghrúil
GD1:	—	—	—	—	—
GD2:	—	—	—	—	—
GD3:	—	—	—	—	—
GD4:	bainfidh	'remove' (future)	/bˠm̥iː/	/bihn′iː/	[bˠʷᵚm̥iː]

An Cheathrú Rua

	ortagrafach	aistriúchán	fóinéimeach	Ceiltíoch	foghrúil
CR1:	—	—	—	—	—
CR2:	—	—	—	—	—
CR3:	—	—	—	—	—
CR4:	bainfidh	'remove' (future)	/bˠan̥ɛ/	/bahn′ə/	/bˠan̥ɛ/

/ñ̥ʲ/ | /ñ̥ʲ/ | /n̥ʲ/   /hɴʲ/

Leagan(acha) ortagrafach(a): ⟨nnf⟩, ⟨shn⟩, ⟨thn⟩

....

Gaoth Dobhair

	ortagrafach	aistriúchán	fóinéimeach	Ceiltíoch	foghrúil
GD1:	róshniogtha	'overly stripped'	/ˌrˠoːˈñ̥ʲʌkə/	/ˌroːˈhɴʲokə/	[ˌrˠoːˈçñ̥ʲiʌkʰə]
GD2:	róshneachtúil	'too snowy'	/ˌrˠɔːˈñ̥ʲaxt̪ˠuːlʲ/	/ˌroːˈhɴʲaxtuːl/	[ˌrˠɔːˈçñ̥ʲaxt̪ˠʰuːˈl]
GD3:	roinnfidh	'share' (future)	/rˠʌñ̥ʲiː/	/rohɴʲiː/	[rˠʌñ̥ʲiː]
GD4a:	Eithne	girl's name	/ɛñ̥ʲə/	/ehɴʲə/	[ɛñ̥ʲə]
GD4b:	cinnfidh	'decide' (future)	/cɪñ̥ʲiː/	/kʲɪhɴʲiː/	[cʰɪñ̥ʲiː]
GD4c:	seinnfidh	'play' (future)	/ɕɛñ̥ʲiː/	/sʲehɴʲiː/	[ɕɛñ̥ʲiː]

An Cheathrú Rua

	ortagrafach	aistriúchán	fóinéimeach	Ceiltíoch	foghrúil
CR1:	róshniogtha	'overly stripped'	/ˌrˠoːˈñ̥ʲʌki/	/ˌroːˈhɴʲokiː/	[ˌrˠoːˈçñ̥ʲiʌkʰɯiː]
CR2:	róshneachtúil	'too snowy'	/ˌrˠoːˈñ̥ʲaxt̪ˠuːlʲ/	/ˌroːˈhɴʲaxtuːʟ/	[ˌrˠoːˈçñ̥ʲaxt̪ˠʰuːˈlʲ]
CR3:	roinnfidh	'share' (future)	/rˠiːñ̥ʲə/	/riːhɴʲə/	[rˠiːñ̥ʲə]
CR4a:	—	—	—	—	—
CR4b:	cinnfidh	'decide' (future)	/cɪñ̥ʲə/	/kʲɪhɴʲə/	[cʰɪñ̥ʲə]
CR4c:	seinnfidh	'play' (future)	/ɕɛñ̥ʲə/	/sʲehɴʲə/	[ɕɛñ̥ʲə]

Corca Dhuibhne

	ortagrafach	aistriúchán	fóinéimeach	Ceiltíoch	foghrúil
CD1:	róshniogtha	'overly stripped'	/ˌrˠoːˈnʲʌkəhʲɛ/	/ˌroːˈhnʲokəhə/	[ˈrˠoːˈçñ̥ʲiʌkʰɪhɛ]
CD2:	róshneachtúil	'too snowy'	/ˌrˠoːˈnʲaxˈt̪ˠuːlʲ/	/ˌroːˌhnʲaxˈtuːlʲ/	[ˈrˠoːˈçñ̥ʲaxt̪ˠʰuːˈlʲ]
CD3:	roinnfidh	'share' (future)	/rˠainʲɪɟ/	/raihnʲəgʲ/	[rˠainʲɪɟ]
CD4a:	—	—	—	—	—
CD4b:	cinnfidh	'decide' (future)	/ciːnʲɪɟ/	/kʲiːhnʲəgʲ/	[cʰiːnʲɪɟ]
CD4c:	seinnfidh	'play' (future)	/ʃainʲɪɟ/	/sʲaihnʲəgʲ/	[ʃainʲɪɟ]

Aguisín: Fuaimeanna na Gaeilge

/ŋ/   /ŋ/

Leagan(acha) ortagrafach(a): ⟨ng⟩

Gaoth Dobhair

	ortagrafach	aistriúchán	fóinéimeach	Ceiltíoch	foghrúil
GD1:	a nguí	'their prayers'	/a ŋiː/	/a ŋiː/	[a ŋᵚiː]
GD2:	i ngátar	'in need'	/ɪ ŋæːt̪ˠəɾˠ/	/ɪ ŋɑːtər/	[ɪ ŋæːt̪ˠʰəɾˠ]
GD3:	—	—	—	—	—
GD4:	ung	'anoint'	/ɣŋ/	/uŋ/	[ɣŋ]

An Cheathrú Rua

	ortagrafach	aistriúchán	fóinéimeach	Ceiltíoch	foghrúil
CR1:	a nguí	'their prayers'	/a ŋiː/	/a ŋiː/	[a ŋᵚiː]
CR2:	i ngátar	'in need'	/ɪ ŋɑːt̪ˠəɾˠ/	/ɪ ŋɑːtər/	[ɪ ŋɑːt̪ˠʰəɾˠ]
CR3:	—	—	—	—	—
CR4:	ung	'anoint'	/ʊŋ/	/uŋ/	[ʊŋ]

Corca Dhuibhne

	ortagrafach	aistriúchán	fóinéimeach	Ceiltíoch	foghrúil
CD1:	a nguí	'their prayers'	/a ŋiː/	/a ŋiː/	[a ŋᵚiː]
CD2:	i ngátar	'in need'	/ɪ ŋɑːt̪ˠəɾˠ/	/ɪ ŋɑːtər/	[ɪ ŋɑːt̪ˠʰəɾˠ]
CD3:	—	—	—	—	—
CD4:	ung	'anoint'	/ʊŋ/	/uŋ/	[ʊŋ]

/ɲ/   /ŋ′/

Leagan(acha) ortagrafach(a): ⟨ng⟩

....

Gaoth Dobhair

	ortagrafach	aistriúchán	fóinéimeach	Ceiltíoch	foghrúil
GD1:	i ngeall ar	'because'	/ɪ ɲal̥ˠ ɛɾʲ/	/ɪ ŋ′aʟ er′/	[ɪ ɲal̥ˠ ɛɾʲ]
GD2:	i ngéibheann	'in captivity'	/ɪ ɲeːvʲən̥ˠ/	/ɪ ŋ′eːv′əN/	[ɪ ɲeːvʲm̥ˠ]
GD3:	cuing	'bond'	/kʉːɲ/	/kuːŋ′/	[kʰʉːˈɲ]
GD4:	ling	'spring'	/l̠ʲɪɲ/	/ʟ′iŋ′/	[l̠ʲɪɲ]

An Cheathrú Rua

	ortagrafach	aistriúchán	fóinéimeach	Ceiltíoch	foghrúil
CR1:	i ngeall ar	'because'	/ɪ ɲɑːl̥ˠ ɛɾʲ/	/ɪ ŋ′aːʟ er′/	[ɪ ɲɑːl̥ˠ ɛɾʲ]
CR2:	i ngéibheann	'in captivity'	/ɪ ɲeːvʲən̥ˠ/	/ɪ ŋ′eːv′əN/	[ɪ ɲeːvʲən̥ˠ]
CR3:	cuing	'bond'	/kɪɲ/	/kiŋ′/	[kʰʊɲ]
CR4:	ling	'spring'	/l̠ʲɪɲ/	/ʟ′iŋ′/	[l̠ʲɪɲ]

Corca Dhuibhne

	ortagrafach	aistriúchán	fóinéimeach	Ceiltíoch	foghrúil
CD1:	i ngeall ar	'because'	/ɪ ɲaul̥ˠ ɛɾʲ/	/ɪ ŋ′auʟ er′/	[ɪ ɲaul̥ˠ ɛɾʲ]
CD2:	i ngéibheann	'in captivity'	/ɪ ɲeːvʲən̥ˠ/	/ɪ ŋ′eːv′əN/	[ɪ ɲeːvʲən̥ˠ]
CD3:	cuing	'bond'	/kɪɲ/	/kiŋ′/	[kʰʊɲ]
CD4:	ling	'spring'	/l̠ʲiːɲ/	/l′iːŋ′/	[l̠ʲiːɲ]

Aguisín: Fuaimeanna na Gaeilge 141

/ŋ̊/ /hŋ/

Leagan(acha) ortagrafach(a): ⟨ngf⟩

....

Gaoth Dobhair

	ortagrafach	aistriúchán	fóinéimeach	Ceiltíoch	foghrúil
GD1:	—	—	—	—	—
GD2:	—	—	—	—	—
GD3:	—	—	—	—	—
GD4:	ungtha	'anointed'	/ʌŋ̊ə/	/ohŋə/	[ʌŋ̊ə]

An Cheathrú Rua

	ortagrafach	aistriúchán	fóinéimeach	Ceiltíoch	foghrúil
CR1:	—	—	—	—	—
CR2:	—	—	—	—	—
CR3:	—	—	—	—	—
CR4:	ungtha	'anointed'	/ʌŋ̊iː/	/ohŋiː/	[ʌŋ̊iː]

Corca Dhuibhne

	ortagrafach	aistriúchán	fóinéimeach	Ceiltíoch	foghrúil
CD1:	—	—	—	—	—
CD2:	—	—	—	—	—
CD3:	—	—	—	—	—
CD4:	ungtha	'anointed'	/ʌŋ̊ə/	/ohŋə/	[ʌŋ̊ə]

/ɲ̊/   /hŋ'/

Leagan(acha) ortagrafach(a): ⟨ngf⟩

Gaoth Dobhair

	ortagrafach	aistriúchán	fóinéimeach	Ceiltíoch	foghrúil
GD1:	—	—	—	—	—
GD2:	—	—	—	—	—
GD2:	—	—	—	—	—
GD3:	lingthe	'sprung'	/lʲɪŋ̊ɛ/	/Lʲɪhŋ'ə/	[lʲɪŋ̊hɪ]

An Cheathrú Rua

	ortagrafach	aistriúchán	fóinéimeach	Ceiltíoch	foghrúil
CR1:	—	—	—	—	—
CR2:	—	—	—	—	—
CR2:	—	—	—	—	—
CR3:	—	—	—	—	—

Corca Dhuibhne

	ortagrafach	aistriúchán	fóinéimeach	Ceiltíoch	foghrúil
CD1:	—	—	—	—	—
CD2:	—	—	—	—	—
CD2:	—	—	—	—	—
CD3:	lingthe	'sprung'	/lʲiːɲ̊ɛ/	/lʲiːhŋ'ə/	[lʲiːɲ̊hɛ]

/ʌ/ /o/

Leagan(acha) ortagrafach(a): ⟨eo⟩, ⟨oi⟩, ⟨o⟩

Gaoth Dobhair

	ortagrafach	aistriúchán	fóinéimeach	Ceiltíoch	foghrúil
GD1:	—	—	—	—	—
GD2:	deoch	'drink'	/d͡ʒʌx/	/dʹox/	[d͡ʒʌh]
GD3:	scoil	'school'	/sˠkʌl/	/skolʹ/	[sˠkɔˈl]
GD4:	poc	'buck; puck'	/pˠʌk/	/pok/	[pˠʰɔkʰ]

An Cheathrú Rua

	ortagrafach	aistriúchán	fóinéimeach	Ceiltíoch	foghrúil
CR1:	—	—	—	—	—
CR2:	deoch	'drink'	/dʲʌx/	/dʹox/	[dʲʌh]
CR3:	scoil	'school'	/sˠkʌl̠ʲ/	/skoʟʹ/	[sˠkʌˈl̠ʲ]
CR4:	poc	'buck; puck'	/pˠʌk/	/pok/	[pˠʰʌkʰ]

Corca Dhuibhne

	ortagrafach	aistriúchán	fóinéimeach	Ceiltíoch	foghrúil
CD1:	—	—	—	—	—
CD2:	deoch	'drink'	/dʲʌx/	/dʹox/	[dʲʌh]
CD3:	scoil	'school'	/sˠkʌlʲ/	/skolʹ/	[sˠkʌˈlʲ]
CD4:	poc	'buck; puck'	/pˠʌk/	/pok/	[pˠʰʌkʰ]

/ɔː/

Leagan(acha) ortagrafach(a): ⟨eoi⟩, ⟨eo⟩, ⟨ió⟩, ⟨ói⟩, ⟨ó⟩

Gaoth Dobhair

	ortagrafach	aistriúchán	fóinéimeach	Ceiltíoch	foghrúil
GD1:	ceoil	'music' (genitive)	/cɔːlʲ/	/kʲɔːL′/	[cʰʲɔːˈlʲ]
GD2:	ceol	'music'	/cɔːlˠ/	/kʲɔːlˠ/	[cʰʲɔːlˠ]
GD3:	fóid	'sod' (genitive)	/fˠɔːdʲ/	/fɔːd′/	[fˠɔːˈdʲ]
GD4:	fód	'sod'	/fˠɔːdˠ/	/fɔːd/	[fˠɔːdˠ]

/oː/ /oː/

Leagan(acha) ortagrafach(a): ⟨eoi⟩, ⟨eo⟩, ⟨ió⟩, ⟨ói⟩, ⟨ó⟩

....

Gaoth Dobhair

	ortagrafach	aistriúchán	fóinéimeach	Ceiltíoch	foghrúil
GD1:	meoin	'attitude' (genitive)	/mʲoːn̠ʲ/	/m′oːN′/	[mʲioːˈn̠ʲ]
GD2:	meon	'attitude'	/mʲoːn̠ˠ/	/m′oːN/	[mʲioːn̠ˠ]
GD3:	póit	'hangover'	/pˠoːt͡ʃ/	/poːt′/	[pˠʰoːˈt͡ʃ]
GD4:	póca	'pocket'	/pˠoːkə/	/poːkə/	[pˠʰoːkʰə]

An Cheathrú Rua

	ortagrafach	aistriúchán	fóinéimeach	Ceiltíoch	foghrúil
CR1:	meoin	'attitude' (genitive)	/mʲoːn̠ʲ/	/m′oːN′/	[mʲioːˈn̠ʲ]
CR2:	meon	'attitude'	/mʲoːn̠ˠ/	/m′oːN/	[mʲioːn̠ˠ]
CR3:	póit	'hangover'	/pˠoːt̠ʲ/	/poːt′/	[pˠʰoːˈt̠ʲʰ]
CR4:	póca	'pocket'	/pˠoːkə/	/poːkə/	[pˠʰoːkʰə]

Corca Dhuibhne

	ortagrafach	aistriúchán	fóinéimeach	Ceiltíoch	foghrúil
CD1:	meoin	'attitude' (genitive)	/mʲoːn̠ʲ/	/m′oːn′/	[mʲioːˈn̠ʲ]
CD2:	meon	'attitude'	/mʲoːn̠ˠ/	/m′oːN/	[mʲioːn̠ˠ]
CD3:	póit	'hangover'	/pˠoːt̠ʲ/	/poːt′/	[pˠʰoːˈt̠ʲʰ]
CD4:	póca	'pocket'	/pˠoːkə/	/poːkə/	[pˠʰoːkʰə]

/pʸ/ /p/

Leagan(acha) ortagrafach(a): ⟨bf⟩, ⟨bth⟩, ⟨p⟩, ⟨pf⟩, ⟨pth⟩

Gaoth Dobhair

	ortagrafach	aistriúchán	fóinéimeach	Ceiltíoch	foghrúil
GD1:	puiteach	'mire'	/pʸɪt͡ʃax/	/pitʹəx/	[pʸʷʰɯɪt͡ʃax]
GD2:	póit	'hangover'	/pʸoːt͡ʃ/	/poːtʹ/	[pʸʰoːˈt͡ʃ]
GD3:	scríobtha	'scraped'	/ɕcɾʲiːpʸə/	/sʹkʹrʹiːpə/	[ɕcɾʲiːᵊpʸʰə]
GD4:	sop	'straw'	/sʸʌpʸ/	/sop/	[sʸɔpʸʰ]

An Cheathrú Rua

	ortagrafach	aistriúchán	fóinéimeach	Ceiltíoch	foghrúil
CR1:	puiteach	'mire'	/pʸɪt̪ʲəx/	/pitʹəx/	[pʸʷʰɯɪt̪ʲʰəx]
CR2:	póit	'hangover'	/pʸoːt̪ʲ/	/poːtʹ/	[pʸʰoːˈt̪ʲʰ]
CR3:	scríobtha	'scraped'	/ɕcɾʲiːpʸiː/	/sʹkʹrʹiːpiː/	[ɕcɾʲiːᵊpʸʰɯiː]
CR4:	sop	'straw'	/sʸʌpʸ/	/sop/	[sʸʌpʸʰ]

Corca Dhuibhne

	ortagrafach	aistriúchán	fóinéimeach	Ceiltíoch	foghrúil
CD1:	puiteach	'mire'	/pʸɪt̪ʲəx/	/pitʹəx/	[pʸʷʰɯɪt̪ʲʰəx]
CD2:	póit	'hangover'	/pʸoːt̪ʲ/	/poːtʹ/	[pʸʰoːˈt̪ʲʰ]
CD3:	scríobtha	'scraped'	/ʃcɾʲiːpʸəhʲɛ/	/sʹkʹrʹiːpəhə/	[ʃcɾʲiːᵊpʸʰɪhɛ]
CD4:	sop	'straw'	/sʸʌpʸ/	/sop/	[sʸʌpʸʰ]

/pʲ/ /p′/

Leagan(acha) ortagrafach(a): ⟨bf⟩, ⟨bth⟩, ⟨p⟩, ⟨pf⟩, ⟨pth⟩

Gaoth Dobhair

	ortagrafach	aistriúchán	fóinéimeach	Ceiltíoch	foghrúil
GD1:	—	—	—	—	—
GD2:	peata	'pet'	/pʲat̪ˠə/	/p′atə/	[pʲʰat̪ˠʰə]
GD3:	coipthe	'fermented'	/kɪpʲɛ/	/kip′ə/	[kʰɪpʲʰɛ]
GD4a:	blíp	'bleep'	/bʲliːpʲ/	/b′l′iːp′/	[bʲliːpʲʰ]
GD4b:	sípéir	'sheepdog'	/ɕiːpʲeːɾˠ/	/s′iːp′eːr/	[ɕiːpʲʰeːˠɾˠ]

An Cheathrú Rua

	ortagrafach	aistriúchán	fóinéimeach	Ceiltíoch	foghrúil
CR1:	pioc	'pick'	/pʲʌk/	/p′ok/	[pʲʰiʌkʰ]
CR2:	peata	'pet'	/pʲat̪ˠə/	/p′atə/	[pʲʰaːt̪ˠʰə]
CR3:	coipthe	'fermented'	/kɪpʲiː/	/kip′iː/	[kʰʌɪpʲʰiː]
CR4a:	blíp	'bleep'	/bʲliːpʲ/	/b′l′iːp′/	[bʲliːpʲʰ]
CR4b:	sípéir	'sheepdog'	/ɕiːpʲeːɾʲ/	/s′iːp′eːr′/	[ɕiːpʲʰeːɾʲ]

Corca Dhuibhne

	ortagrafach	aistriúchán	fóinéimeach	Ceiltíoch	foghrúil
CD1:	pioc	'pick'	/pʲʌk/	/p′ok/	[pʲʰiʌkʰ]
CD2:	peata	'pet'	/pʲat̪ˠə/	/p′atə/	[pʲʰat̪ˠʰə]
CD3:	coipthe	'fermented'	/kɪpʲihʲɛ/	/kɪp′ih′e/	[kʰʌˈpʲʰɪhɛ]
CD4a:	blíp	'bleep'	/bʲlʲiːpʲ/	/b′l′iːp′/	[bʲlʲiːpʲʰ]
CD4b:	sípéir	'sheepdog'	/ʃiːpʲeːɾʲ/	/s′iːp′eːr′/	[ʃiːpʲʰeːɾʲ]

/ɾˠ/   /r/

Leagan(acha) ortagrafach(a): ⟨r⟩, ⟨rr⟩

Gaoth Dobhair

	ortagrafach	aistriúchán	fóinéimeach	Ceiltíoch	foghrúil
GD1:	raon	'range'	/ɾˠeːn̪ˠ/	/reːn/	[ɾˠɯeːən̪ˠ]
GD2:	sroichfidh	'reach' (future)	/sˠɾˠahʲiː/	/srahʲiː/	[sˠɾˠaihiː]
GD3:	cíor	'comb'	/ciːɾˠ/	/kʲiːr/	[cʰiːəɾˠ]
GD4:	cúr	'foam'	/kʉːɾˠ/	/kuːr/	[kʰʉːɾˠ]

An Cheathrú Rua

	ortagrafach	aistriúchán	fóinéimeach	Ceiltíoch	foghrúil
CR1:	raon	'range'	/ɾˠiːn̪ˠ/	/riːn/	[ɾˠɯiːən̪ˠ]
CR2:	sroichfidh	'reach' (future)	/sˠɾˠɪçə/	/srixʲə/	[sˠɾˠˠɪçə]
CR3:	cíor	'comb'	/ciːɾˠ/	/kʲiːr/	[cʰiːəɾˠ]
CR4:	cúr	'foam'	/kuːɾˠ/	/kuːr/	[kʰuːɾˠ]

Corca Dhuibhne

	ortagrafach	aistriúchán	fóinéimeach	Ceiltíoch	foghrúil
CD1:	raon	'range'	/ɾˠeːn̪ˠ/	/reːn/	[ɾˠɯeːən̪ˠ]
CD2:	sroichfidh	'reach' (future)	/sˠɾˠɪʃɪɟ/	/srisʲəgʲ/	[sˠɾˠˠɪʃɪɟ]
CD3:	cíor	'comb'	/ciːɾˠ/	/kʲiːr/	[cʰiːəɾˠ]
CD4:	cúr	'foam'	/kuːɾˠ/	/kuːr/	[kʰuːɾˠ]

/ɾʲ/ /r′/

Leagan(acha) ortagrafach(a): ⟨r⟩, ⟨rr⟩

Gaoth Dobhair

	ortagrafach	aistriúchán	fóinéimeach	Ceiltíoch	foghrúil
GD1:	—	—	—	—	—
GD2:	—	—	—	—	—
GD3:	—	—	—	—	—
GD4:	feir	'house'	/fʲɛɾʲ/	/f′er′/	[fʲɛɾʲ]

An Cheathrú Rua

	ortagrafach	aistriúchán	fóinéimeach	Ceiltíoch	foghrúil
CR1:	—	—	—	—	—
CR2:	—	—	—	—	—
CR3:	cuir	'put'	/kɪɾʲ/	/kir′/	[kʰᵘɪɾʲ]
CR4:	—	—	—	—	—

Corca Dhuibhne

	ortagrafach	aistriúchán	fóinéimeach	Ceiltíoch	foghrúil
CD1:	—	—	—	—	—
CD2:	—	—	—	—	—
CD3:	cuir	'put'	/kɪɾʲ/	/kir′/	[kʰᵘɪɾʲ]
CD4:	feir	'house'	/fʲɛɾʲ/	/f′er′/	[fʲɛɾʲ]

/r̥ˠ/   /hr/

Leagan(acha) ortagrafach(a): ⟨rf⟩, ⟨rrf⟩, ⟨rrth⟩, ⟨rth⟩, ⟨shr⟩

....

Gaoth Dobhair

	ortagrafach	aistriúchán	fóinéimeach	Ceiltíoch	foghrúil
GD1:	mórshráid	'main street'	/ˈmˠoːrˠˈr̥ˠæːdʲ/	/ˈmoːrˈhraːdʲ/	[ˈmˠoːrˠˈxr̂ˠæːdʲ]
GD2:	shroich	'reach' (past)	/r̥ˠahʲ/	/hrahʲ/	[xr̥ˠaih]
GD3:	cíorfaidh	'comb' (future)	/ciːr̥ˠiː/	/kʲiːhriː/	[cʰiːᵊr̥ˠiː]
GD4:	borrfaidh	'swell' (future)	/bˠoːr̥ˠiː/	/boːhriː/	[bˠoːr̥ˠiː]

An Cheathrú Rua

	ortagrafach	aistriúchán	fóinéimeach	Ceiltíoch	foghrúil
CR1:	mórshráid	'main street'	/ˈmˠoːrˠˈr̥ˠɑːdʲ/	/ˈmoːrˈhraːdʲ/	[ˈmˠoːrˠˈr̂ˠɑːdʲ]
CR2:	shroich	'reach' (past)	/r̥ˠʌhˠ/	/hroh/	[r̥ˠʌh]
CR3:	cíorfaidh	'comb' (future)	/ciːr̥ˠə/	/kʲiːhrə/	[cʰiːᵊr̥ˠə]
CR4:	borrfaidh	'swell' (future)	/bˠʌr̥ˠə/	/bohrə/	[bˠʌr̥ˠə]

Corca Dhuibhne

	ortagrafach	aistriúchán	fóinéimeach	Ceiltíoch	foghrúil
CD1:	mórshráid	'main street'	/ˈmˠoːrˠˈr̥ˠɑːdʲ/	/ˈmoːrˈhraːdʲ/	[mˠoːrˠˈhr̂ˠɑːdʲ]
CD2:	shroich	'reach' (past)	/r̥ˠɪʃ/	/hrisʲ/	[hr̥ˠʌɪʃ]
CD3:	cíorfaidh	'comb' (future)	/ciːr̥ˠɪɟ/	/kʲiːhrəgʲ/	[cʰiːᵊr̥ˠɪɟ]
CD4:	borrfaidh	'swell' (future)	/bˠʌr̥ˠɪɟ/	/bohrəgʲ/	[bˠʌr̥ˠɪɟ]

/r̥ʲ/   /hr′/

Leagan(acha) ortagrafach(a): ⟨rf⟩, ⟨rrf⟩, ⟨rrth⟩, ⟨rth⟩, ⟨shr⟩

....

Gaoth Dobhair

	ortagrafach	aistriúchán	fóinéimeach	Ceiltíoch	foghrúil
GD1:	thréig	'abandon' (past)	/r̥ʲeːɟ/	/hr′eːgʲ/	[ç͡r̥ʲeːɟ]
GD2:	—	—	—	—	—
GD3:	—	—	—	—	—
GD4:	feirfidh	'house' (future)	/fʲɛr̥ʲiː/	/fʲehr′iː/	[fʲɛr̥ʲiː]

An Cheathrú Rua

	ortagrafach	aistriúchán	fóinéimeach	Ceiltíoch	foghrúil
CR1:	thréig	'abandon' (past)	/r̥ʲeːɟ/	/hr′eːgʲ/	[rʲeːɟ]
CR2:	—	—	—	—	—
CR3:	cuirfidh	'put' (future)	/kʊɪr̥ʲə/	/kihr′ə/	[kʰʊɪr̥ʲə]
CR4:	feirfidh	'house' (future)	/fʲɛr̥ʲə/	/fʲehr′ə/	[fʲɛr̥ʲə]

Corca Dhuibhne

	ortagrafach	aistriúchán	fóinéimeach	Ceiltíoch	foghrúil
CD1:	thréig	'abandon' (past)	/r̥ʲeːɟ/	/hr′eːgʲ/	[ç͡r̥ʲeːɟ]
CD2:	—	—	—	—	—
CD3:	cuirfidh	'put' (future)	/kʊɪr̥ʲɪɟ/	/kihr′əgʲ/	[kʰʊɪr̥ʲɪɟ]
CD4:	feirfidh	'house' (future)	/fʲɛr̥ʲɪɟ/	/fʲehr′əgʲ/	[fʲɛr̥ʲɪɟ]

/sʸ/   /s/

Leagan(acha) ortagrafach(a): ⟨s⟩, ⟨sf⟩

Gaoth Dobhair

	ortagrafach	aistriúchán	fóinéimeach	Ceiltíoch	foghrúil
GD1:	saol	'life'	/sʸiːl̠ʸ/	/siːʟ/	[sʸᵚiːᵊl̠ʸ]
GD2:	suas	'up'	/sʸuasʸ/	/suəs/	[sʸuaᵊsʸ]
GD3:	aos	'generation'	/iːsʸ/	/iːs/	[iːᵊsʸ]
GD4:	ús	'interest'	/ʉːsʸ/	/uːs/	[ʉːsʸ]

An Cheathrú Rua

	ortagrafach	aistriúchán	fóinéimeach	Ceiltíoch	foghrúil
CR1:	saol	'life'	/sʸiːl̠ʸ/	/siːʟ/	[sʸᵚiːᵊl̠ʸ]
CR2:	suas	'up'	/sʸuasʸ/	/suəs/	[sʸuəsʸ]
CR3:	aos	'generation'	/iːsʸ/	/iːs/	[iːᵊsʸ]
CR4:	ús	'interest'	/uːsʸ/	/uːs/	[uːsʸ]

Corca Dhuibhne

	ortagrafach	aistriúchán	fóinéimeach	Ceiltíoch	foghrúil
CD1:	saol	'life'	/sʸeːl̠ʸ/	/seːʟ/	[sʸᵚeːᵊl̠ʸ]
CD2:	suas	'up'	/sʸuasʸ/	/suəs/	[sʸuəsʸ]
CD3:	aos	'generation'	/eːsʸ/	/eːs/	[eːᵊsʸ]
CD4:	ús	'interest'	/uːsʸ/	/uːs/	[uːsʸ]

/ɕ/ | /ɕ/ | /ʃ/   /s′/

Leagan(acha) ortagrafach(a): ⟨s⟩, ⟨sf⟩

Gaoth Dobhair

	ortagrafach	aistriúchán	fóinéimeach	Ceiltíoch	foghrúil
GD1:	sioc	'frost'	/ɕɪk/	/s′ik/	[ɕɪˠkʰ]
GD2:	síos	'down'	/ɕiːsˠ/	/s′iːs/	[ɕiːəsˠ]
GD3:	cois	'beside'	/kʌɕ/	/kos′/	[kʰɔˈɕ]
GD4:	pis	'pea'	/pʲɪɕ/	/p′is′/	[pʲʰɪɕ]

An Cheathrú Rua

	ortagrafach	aistriúchán	fóinéimeach	Ceiltíoch	foghrúil
CR1:	sioc	'frost'	/ɕʌk/	/s′ok/	[ɕⁱʌkʰ]
CR2:	síos	'down'	/ɕiːsˠ/	/s′iːs/	[ɕiːəsˠ]
CR3:	cois	'beside'	/kʌɕ/	/kos′/	[kʰʌˈɕ]
CR4:	pis	'pea'	/pʲiːɕ/	/p′iːs′/	[pʲʰiːɕ]

Corca Dhuibhne

	ortagrafach	aistriúchán	fóinéimeach	Ceiltíoch	foghrúil
CD1:	sioc	'frost'	/ʃʌk/	/s′ok/	[ʃⁱʌkʰ]
CD2:	síos	'down'	/ʃiːsˠ/	/s′iːs/	[ʃiːəsˠ]
CD3:	cois	'beside'	/kʌʃ/	/kos′/	[kʰʌˈʃ]
CD4:	pis	'pea'	/pʲiːʃ/	/p′iːs′/	[pʲʰiːʃ]

/t̪ˠ/   /t/

Leagan(acha) ortagrafach(a): ⟨df⟩, ⟨dt⟩, ⟨t⟩, ⟨tf⟩

....

Gaoth Dobhair

	ortagrafach	aistriúchán	fóinéimeach	Ceiltíoch	foghrúil
GD1:	tuí	'straw'	/t̪ˠiː/	/tiː/	[tˠʰɯiː]
GD2:	tóin	'bottom'	/t̪ˠoːn̠ʲ/	/toːnʲ/	[t̪ˠʰoːˈn̠ʲ]
GD3:	—	—	—	—	—
GD4:	—	—	—	—	—
GD5:	an t-údar	'the author'	/ən̪ˠ t̪ˠʉːd̪ˠəɾˠ/	/ən tuːdər/	[ən̪ˠ t̪ˠʰʉːd̪ˠəɾˠ]

An Cheathrú Rua

	ortagrafach	aistriúchán	fóinéimeach	Ceiltíoch	foghrúil
CR1:	tuí	'straw'	/t̪ˠiː/	/tiː/	[tˠʰɯiː]
CR2:	tóin	'bottom'	/t̪ˠuːn̠ʲ/	/tuːnʲ/	[t̪ˠʰuːˈn̠ʲ]
CR3:	—	—	—	—	—
CR4:	fút	'under you'	/fˠuːt̪ˠ/	/fuːt/	[fˠuːt̪ˠʰ]
CR5:	an t-údar	'the author'	/ən̪ˠ t̪ˠuːd̪ˠəɾˠ/	/ən tuːdər/	[ən̪ˠ t̪ˠʰuːd̪ˠəɾˠ]

Corca Dhuibhne

	ortagrafach	aistriúchán	fóinéimeach	Ceiltíoch	foghrúil
CD1:	tuí	'straw'	/t̪ˠiː/	/tiː/	[tˠʰɯiː]
CD2:	tóin	'bottom'	/t̪ˠoːn̠ʲ/	/toːnʲ/	[t̪ˠʰoːˈn̠ʲ]
CD3:	—	—	—	—	—
CD4:	fút	'under you'	/fˠuːt̪ˠ/	/fuːt/	[fˠuːt̪ˠʰ]
CD5:	an t-údar	'the author'	/ən̪ˠ t̪ˠuːd̪ˠəɾˠ/	/ən tuːdər/	[ən̪ˠ t̪ˠʰuːd̪ˠəɾˠ]

Aguisín: Fuaimeanna na Gaeilge

 /t′/

Leagan(acha) ortagrafach(a): ⟨df⟩, ⟨dt⟩, ⟨t⟩, ⟨tf⟩

Gaoth Dobhair

	ortagrafach	aistriúchán	fóinéimeach	Ceiltíoch	foghrúil
GD1:	teocht	'temperature'	/t͡ʃɔːxt̠ˠ/	/t′ɔːxt/	[t͡ʃiɔːɪˠt̠ˠʰ]
GD2:	timpeall	'around'	/t͡ʃimʲpʲəl̠ˠ/	/t′imʹpʹəʟ/	[t͡ʃimʲpʲʰəl̠ˠ]
GD3:	póit	'hangover'	/pˠoːˈt͡ʃ/	/poːt′/	[pˠʰoːˈt͡ʃ]
GD4:	ite	'eaten'	/ɪt͡ʃɛ/	/it′ə/	[ɪt͡ʃɛ]
GD5:	—	—	—	—	—

An Cheathrú Rua

	ortagrafach	aistriúchán	fóinéimeach	Ceiltíoch	foghrúil
CR1:	teocht	'temperature'	/t̠ʲɔːxt̠ˠ/	/t′ɔːxt/	[t̠ʲʰiɔːxt̠ˠʰ]
CR2:	timpeall	'around'	/t̠ʲiːmʲpʲəl̠ˠ/	/t′iːmʹpʹəʟ/	[t̠ʲʰiːmʲpʲʰəl̠ˠ]
CR3:	póit	'hangover'	/pˠoːˈt̠ʲ/	/poːt′/	[pˠʰoːˈt̠ʲʰ]
CR4:	ite	'eaten'	/ɪt̠ʲɛ/	/it′ə/	[ɪt̠ʲʰɛ]
CR5:	an t-ísliú	'the lowering'	/ən̠ˠ t̠ʲiːc̠ʲuː/	/əɴ t′iːsʹʟ′uː/	[ən̠ˠ t̠ʲʰiːc̠ʲiuː]

Corca Dhuibhne

	ortagrafach	aistriúchán	fóinéimeach	Ceiltíoch	foghrúil
CD1:	teocht	'temperature'	/tʲɔːxt̠ˠ/	/t′ɔːxt/	[tʲʰiɔːxt̠ˠʰ]
CD2:	timpeall	'around'	/tʲiːmʲpʲəl̠ˠ/	/t′iːmʹpʹəʟ/	[tʲʰiːmʲpʲʰəl̠ˠ]
CD3:	póit	'hangover'	/pˠoːˈtʲ/	/poːt′/	[pˠʰoːˈtʲʰ]
CD4:	ite	'eaten'	/ɪtʲɛ/	/it′ə/	[ɪtʲʰɛ]
CD5:	—	—	—	—	—

/ɣ/ | /ʊ/ | /ʊ/   /u/

Leagan(acha) ortagrafach(a): ⟨iu⟩, ⟨u⟩

....

Gaoth Dobhair

	ortagrafach	aistriúchán	fóinéimeach	Ceiltíoch	foghrúil
GD1:	—	—	—	—	—
GD2:	fiuch	'boil'	/fʲɣx/	/fʼux/	[fʲⁱɣx]
GD3:	—	—	—	—	—
GD4:	bun	'base'	/bɣɣn̪ɣ/	/buɴ/	[bɣɣn̪ɣ]

An Cheathrú Rua

	ortagrafach	aistriúchán	fóinéimeach	Ceiltíoch	foghrúil
CR1:	—	—	—	—	—
CR2:	fiuch	'boil'	/fʲʊx/	/fʼux/	[fʲⁱʊx]
CR3:	—	—	—	—	—
CR4:	bun	'base'	/bɣʊn̪ɣ/	/buɴ/	[bɣʊn̪ɣ]

Corca Dhuibhne

	ortagrafach	aistriúchán	fóinéimeach	Ceiltíoch	foghrúil
CD1:	—	—	—	—	—
CD2:	fiuch	'boil'	/fʲʊx/	/fʼux/	[fʲⁱʊx]
CD3:	—	—	—	—	—
CD4:	bun	'base'	/bɣʊn̪ɣ/	/buɴ/	[bɣʊn̪ɣ]

/ʉː/ | /uː/ | /uː/   /uː/

Leagan(acha) ortagrafach(a): ⟨iúi⟩, ⟨iú⟩, ⟨úi⟩, ⟨ú⟩

Gaoth Dobhair

	ortagrafach	aistriúchán	fóinéimeach	Ceiltíoch	foghrúil
GD1:	tiúis	'thickness' (genitive)	/t͡ʃʉːɕ/	/t′uːsʲ/	[t͡ʃʰʉːˈɕ]
GD2:	tiús	'thickness'	/t͡ʃʉːsˠ/	/t′uːs/	[t͡ʃʰʉːsˠ]
GD3:	rúin	'resolutions'	/rˠʉːn/	/ruːnʲ/	[rˠʉːˈn]
GD4:	rún	'resolution'	/rˠʉːn̪ˠ/	/ruːɴ/	[rˠʉːn̪ˠ]

An Cheathrú Rua

	ortagrafach	aistriúchán	fóinéimeach	Ceiltíoch	foghrúil
CR1:	tiúis	'thickness' (genitive)	/t̪ʲuːɕ/	/t′uːsʲ/	[t̪ʲʰⁱuːˈɕ]
CR2:	tiús	'thickness'	/t̪ʲuːsˠ/	/t′uːs/	[t̪ʲʰⁱuːsˠ]
CR3:	rúin	'resolutions'	/rˠuːn/	/ruːnʲ/	[rˠuːˈn]
CR4:	rún	'resolution'	/rˠuːn̪ˠ/	/ruːɴ/	[rˠuːn̪ˠ]

Corca Dhuibhne

	ortagrafach	aistriúchán	fóinéimeach	Ceiltíoch	foghrúil
CD1:	tiúis	'thickness' (genitive)	/t̪ʲuːɕ/	/t′uːsʲ/	[t̪ʲʰⁱuːˈɕ]
CD2:	tiús	'thickness'	/t̪ʲuːsˠ/	/t′uːs/	[t̪ʲʰⁱuːsˠ]
CD3:	rúin	'resolutions'	/rˠuːnʲ/	/ruːnʲ/	[rˠuːˈnʲ]
CD4:	rún	'resolution'	/rˠuːn̪ˠ/	/ruːɴ/	[rˠuːn̪ˠ]

/ua/ | /uə/ | /uə/   /uə/

Leagan(acha) ortagrafach(a): ⟨uai⟩, ⟨ua⟩

Gaoth Dobhair

	ortagrafach	aistriúchán	fóinéimeach	Ceiltíoch	foghrúil
GD1:	—	—	—	—	—
GD2:	—	—	—	—	—
GD3:	cuain	'harbour' (genitive)	/kuan̠ʲ/	/kuəɴ′/	[kʰuaˈn̠ʲ]
GD4:	cuan	'harbour'	/kuan̠ˠ/	/kuəɴ/	[kʰuan̠ˠ]

An Cheathrú Rua

	ortagrafach	aistriúchán	fóinéimeach	Ceiltíoch	foghrúil
CR1:	—	—	—	—	—
CR2:	—	—	—	—	—
CR3:	cuain	'harbour' (genitive)	/kuən̠ʲ/	/kuəɴ′/	[kʰuəˈn̠ʲ]
CR4:	cuan	'harbour'	/kuən̠ˠ/	/kuəɴ/	[kʰuən̠ˠ]

Corca Dhuibhne

	ortagrafach	aistriúchán	fóinéimeach	Ceiltíoch	foghrúil
CD1:	—	—	—	—	—
CD2:	—	—	—	—	—
CD3:	cuain	'harbour' (genitive)	/kuən̠ʲ/	/kuəɴ′/	[kʰuəˈn̠ʲ]
CD4:	cuan	'harbour'	/kuən̠ˠ/	/kuəɴ/	[kʰuən̠ˠ]

Aguisín: Fuaimeanna na Gaeilge   159

/w/ | /w/ | /vʸ/   /v/

Leagan(acha) ortagrafach(a): ⟨bh⟩

....

Gaoth Dobhair

	ortagrafach	aistriúchán	fóinéimeach	Ceiltíoch	foghrúil
GD1:	an-bhuí	'very yellow'	/an̪ʸˈwiː/	/aNˈwiː/	[an̪ʸˈwᵚiː]
GD2:	an-mhór	'very big'	/an̪ʸˈwoːrʸ/	/aNˈwoːr/	[an̪ʸˈwoːrʸ]
GD3:	Síomha	'girl's name'	/ɕiːwə/	/sʲiːwə/	[ɕiːᵊwə]
GD4:	subh	'jam'	/sʸɣw/	/suw/	[sʸɣw]

An Cheathrú Rua

	ortagrafach	aistriúchán	fóinéimeach	Ceiltíoch	foghrúil
CR1:	an-bhuí	'very yellow'	/ɑːn̪ʸˈwiː/	/ɑːNˈwiː/	[ɑːn̪ʸˈwᵚiː]
CR2:	an-mhór	'very big'	/ɑːn̪ʸˈwoːrʸ/	/ɑːNˈwoːr/	[ɑːn̪ʸˈwoːrʸ]
CR3:	Síomha	'girl's name'	/ɕiːwə/	/sʲiːwə/	[ɕiːᵊwə]
CR4:	subh	'jam'	/sʸʌw/	/sow/	[sʸʌvʸ]

Corca Dhuibhne

	ortagrafach	aistriúchán	fóinéimeach	Ceiltíoch	foghrúil
CD1:	an-bhuí	'very yellow'	/an̪ʸəˈvʸiː/	/aNəˈviː/	[an̪ʸəˈvʸᵚiː]
CD2:	an-mhór	'very big'	/an̪ʸəˈvʸoːrʸ/	/aNəˈvoːr/	[an̪ʸəˈvʸoːrʸ]
CD3:	Síomha	'girl's name'	/ʃiːvʸə/	/sʲiːvə/	[ʃiːᵊvʸə]
CD4:	subh	'jam'	/sʸʊvʸ/	/suv/	[sʸʊvʸ]

/vʲ/   /v′/

Leagan(acha) ortagrafach(a): ⟨bh⟩

....

Gaoth Dobhair

	ortagrafach	aistriúchán	fóinéimeach	Ceiltíoch	foghrúil
GD1:	mo bheola	'my lips'	/mˠə vʲoːlˠə/	/mə v′ɔːLə/	[mˠə vʲioːlˠə]
GD2:	i bhfianaise	'given'	/ɪ vʲiːn̪ˠəɕɛ/	/i v′iːNəs′ə/	[ɪ vʲiːᵊn̪ˠəɕɛ]
GD3:	coimhlint	'conflict'	/kɪvʲlm̩ʲtʃ/	/kiv′l′iŋ′t′/	[kʰʌɪvʲlm̩ʲtʃ]
GD4:	craoibhín	'branch'	/kɾˠiːvʲiːn̪ʲ/	/kriːv′iːN′/	[kʰɾˠiːvʲiːn̪ʲ]

An Cheathrú Rua

	ortagrafach	aistriúchán	fóinéimeach	Ceiltíoch	foghrúil
CR1:	mo bheola	'my lips'	/mˠə vʲoːlˠə/	/mə v′oːLə/	[mˠə vʲioːlˠə]
CR2:	i bhfianaise	'given'	/ɪ vʲiənˠəɕɛ/	/i v′iənəs′ə/	[ɪ vʲiənˠəɕɛ]
CR3:	coimhlint	'conflict'	/kaivʲlm̩ʲtʲ/	/kaiv′l′iŋ′t′/	[kʰaivʲlm̩ʲtʲʰ]
CR4:	craoibhín	'branch'	/kɾˠiːvʲiːn̪ʲ/	/kriːv′iːN′/	[kʰɾˠiːvʲiːn̪ʲ]

Corca Dhuibhne

	ortagrafach	aistriúchán	fóinéimeach	Ceiltíoch	foghrúil
CD1:	mo bheola	'my lips'	/mˠə vʲoːlˠə/	/mə v′oːLə/	[mˠə vʲioːlˠə]
CD2:	i bhfianaise	'given'	/ɪ vʲiənˠəʃɛ/	/i v′iənəs′ə/	[ɪ vʲiənˠəʃɛ]
CD3:	—	—	—		
CD4:	craoibhín	'branch'	/kɾˠiːˈvʲiːnʲ/	/kriːˈv′iːN′/	[kʰɾˠiːˈvʲiːnʲ]

Gluais

achuimilteach *affricate* Fuaim chonsanta phléascach a scaoiltear mar chuimilteach.

Aibítir Idirnáisiúnta Foghraíochta *International Phonetics Alphabet (IPA)* Córas nodaireachta idirnáisiúnta chun fuaimeanna urlabhra a thras-scríobh.

ailbheol-charballach *alveolo-palatal* Cur síos ar chonsan carball-ailbheolach carballaithe. Cur síos ar chonsan a chruthaítear trí lann na teanga a chur taobh thiar den iomaire ailbheolach agus corp na teanga a chnuasú i dtreo an charbaill.

ailbheolach *alveolar* Cruthaítear consan ailbheolach trí rinn na teanga nó lann na teanga a chur leis an iomaire ailbheolach.

airde na teanga *tongue height* Airde phointe is airde na teanga sa bhéal.

aistarraingt na teanga *tongue retraction* Cur síos ar shuíomh na teanga i dtéarmaí cé chomh tulsáite nó aistarraingthe is atá pointe is airde na teanga.

aistarraingthe *retracted* Cur síos ar chonsan nó ar ghuta a bhfuil a áit urlabhraíochta príomhúla níos faide siar sa bhéal ná mar a bhíonn de ghnáth.

áit urlabhraíochta *place of articulation* An áit i gconair an ghutha ag a gcruthaítear constaic urlabhraíochta consain.

allafón *allophone* Tacar fuaimeanna urlabhra (foghair) is féidir a rá le fóinéim a réalú.

anailís fóineolaíochta *phonological analysis* Anailís ar chóras fuaime teanga.

anailís fhóinéimeach *phonemic analysis* Anailís ar chóras fóinéimeach teanga ina n-oibrítear amach cad iad na fóinéimí sa teanga agus cad iad na rialacha dáilte a bhaineann leo.

análaithe *aspirated* Cur síos ar an bhfuaim a chruthaítear de bharr pléascadh láidir aeir a scaoiltear amach tar éis consan pléascach i gcomhthéacsanna áirithe i dteangacha áirithe.

ball urlabhraíochta *articulator* Codanna den bhéal agus den teanga a thagann le chéile sa bhéal le consan a chruthú trí chonstaic a chruthú a chuireann bac ar an aer ag sruthlú amach tríd an mbéal.

ball urlabhraíochta éighníomhach *passive articulator* Le linn fuaimniú consain, ní bhogann an ball urlabhraíochta éighníomhach.

ball urlabhraíochta gníomhach *active articulator* Le linn fuaimniú consain, bogann an ball urlabhraíochta gníomhach le teagmháil a dhéanamh leis an mball urlabhraíochta éighníomhach.

Béarla na hÉireann *Irish-English* An cineál Béarla a labhraítear in Éirinn.

braisle *cluster* Is féidir le consain tarlú i mbraislí. Is é sin, is féidir le níos mó ná consan amháin tarlú as a chéile le linn urlabhra.

bunghuta *cardinal vowel* Tacar gutaí tagartha fíorúla is ea na bunghutaí. Déantar cur síos ar cháilíocht gutaí i dtéarmaí na mbunghutaí.

cáilíocht *quality* Athraíonn cáilíocht guta de réir cumraíocht urlabhraíochta na teanga. Déantar cur síos ar cháilíocht guta, más ea, de réir airde agus aistarraingt na teanga.

carball *hard palate* An chuid chrua sin de bharr an bhéil idir an t-iomaire ailbheolach agus an coguas.

carballach *palatal* Cur síos ar chonsan a chruthaítear trí thosach na teanga a chur leis an gcarball.

carballaithe *palatalised* Bíonn urlabhraíocht thánaisteach ag consan carballaithe ina mbíonn corp na teanga cnuasaithe i dtreo an charbaill.

carballaithe go fóinéimeach *phonemically palatalised* Carballaithe i gcomhthéacs rialacha fóinéimeacha teanga.

carball-ailbheolach *palato-alveolar* Cur síos ar chonsan a chruthaítear trí rinn na teanga nó lann na teanga a chur taobh thiar den iomaire ailbheolach.

carballú *palatalisation* Cnuasú chorp na teanga i dtreo an charbaill le linn urlabhraíocht consain. Cineál urlabhraíochta tánaistí.

ceathairshleasán na mbunghutaí *cardinal vowel quadrilateral* Scéimléaráid de lárlimistéar an bhéil is ea ceathairshleasán na mbunghutaí ar a leagtar amach siombailí gutacha an IPA.

Ceiltíoch *Celticist* Bainteach le traidisiún teangeolaíochta sa léann Ceilteach.

cineál *variety* Foirm ar leith de theanga.

cineál urlabhraíochta *type of articulation* An cineál teagmhála nó gnímh a tharlaíonn ag an áit urlabhraíochta le linn urlabhraíocht consain.

cnagach *tap/flap* Cur síos ar an bhfuaim a chruthaítear nuair a dhéanann an teanga teagmháil ghearr amháin in aghaidh an iomaire ailbheolaigh.

coguas *velum (soft palate)* An chuid bhog sin de bharr an bhéil idir an carball agus an t-úbhal.

coguasach *velar* Cur síos ar chonsan a chruthaítear trí chúl na teanga a chur leis an gcoguas.

coguasaithe *velarised* Bíonn urlabhraíocht thánaisteach ag consan coguasaithe ina mbíonn corp na teanga cnuasaithe i dtreo an choguais.

coguasaithe go fóinéimeach *phonemically velarised* Coguasaithe i gcomhthéacs rialacha fóinéimeacha teanga.

coguasú *velarisation* Cnuasú chorp na teanga i dtreo an choguais le linn urlabhraíocht consain. Cineál urlabhraíochta tánaistí.

comhartha idirdhealaitheach *diacritic* Glif a sheasann léi féin nó a chuirtear le siombail foghraíochta chun breis eolais a thabhairt maidir leis an urlabhraíocht.

conair an bhéil *the oral tract* An pasáiste ó bharr na farainge go dtí an béal.

conair an ghutha *the vocal tract* Na pasáistí os cionn na larainge: an fharaing, conair an bhéil, agus conair na sróine.

conair na sróine *the nasal tract* An pasáiste ó chúl an choguais ag barr na farainge go dtí an tsrón.

consan *consonant* Fuaim urlabhra ina gcruthaítear constaic áit éigin i gconair an ghutha mar a gcuirtear bac ar phasáiste an aeir.

consanta *consonantal* Cur síos ar fhuaim urlabhra a bhfuil tréithe an chonsain le sonrú inti.

contrárthacht fhóinéimeach *phonemic contrast* An difríocht idir dhá fhuaim nuair is difríocht de réir córas fuaime teanga é, nó má spreagann an difríocht sin éagsúlacht brí idir focail chosúla.

corónach *coronal* Cur síos ar chonsan a chruthaítear le codanna tosaigh na teanga.

cruinn *rounded (lips)* Cur síos foghraíochta ar chruth ar leith ar na liopaí le linn fuaimniú gutaí áirithe.

cúil *back* Cur síos ar ghuta a chruthaítear nuair atá pointe is airde na teanga ar chúl sa bhéal.

cuimilteach *fricative* I gcás consan cuimilteach, ní bhíonn bac iomlán ar an aer atá ag sruthlú amach. Mar a bhfuil an urlabhraíocht, bíonn an pasáiste cúngaithe an oiread sin go mbíonn an t-aer suaite agus ag siosarnach agus é á bhrú tríd an mbearna.

cúl na teanga *the tongue back* An chuid sin de dhromchla na teanga atá taobh thiar de thosach na teanga. Déanann cúl na teanga teagmháil leis an gcoguas le linn urlabhraíocht consan coguasach.

déadach *dental* Cur síos ar chonsan a chruthaítear trí rinn na teanga a chur le cúl na bhfiacla uachtaracha.

défhoghar *diphthong* Fuaim ghutach ina mbogann an teanga le linn urlabhraíochta. Athraíonn cáilíocht an ghuta lena linn dá réir. Tá sé ar nós dhá ghuta taobh le taobh.

déliopach *bilabial* Cur síos ar chonsan a chruthaítear trí na liopaí a thabhairt le chéile.

dromach *dorsal* Cur síos ar chonsan a chruthaítear le codanna cúil na teanga.

dúnta *close* Cur síos ar ghuta a chruthaítear nuair atá pointe is airde na teanga ard sa bhéal.

fada go fóinéimeach *phonemically long* Fada i gcomhthéacs rialacha fóinéimeacha teanga.

faraing *pharynx* An chuid sin den scornach idir an laraing agus conair an bhéil agus na sróine.

faraingeach *pharyngeal* Cur síos ar chonsan a chruthaítear trí fhréamh na teanga a chur le cúlbhalla na farainge.

fiacla íochtaracha *lower teeth* Na fiacla tosaigh in íochtar an bhéil.

fiacla uachtaracha *upper teeth* Na fiacla tosaigh in uachtar an bhéil.

foghar *phone* Fuaim nó gotha urlabhra atá inteascánaithe de réir a airíonna fisiceacha inbhraite.

foghraíocht *phonetics* Réimse (teang)eolaíochta a chuimsíonn staidéar ar fhuaimeanna na hurlabhra.

foghraíocht urlabhraíochta *articulatory phonetics* An chuid sin den fhoghraíocht a bhaineann le cruthú fuaimeanna urlabhra.

fóinéim *phoneme* Déantar difríochtaí brí a chódú i bhfuaimeanna teanga, agus déantar iarracht na haonaid, a idirdhealaíonn bríonna éagsúla, a oibriú amach. Tugtar fóinéimí ar na haonaid shuntasacha seo.

fóinéimeach *phonemic* Bainteach leis an bhfóinéim.

fóineolaíocht *phonology* Réimse teangeolaíochta a chuimsíonn staidéar ar chórais fuaime teangacha.

fuaim urlabhra *speech sound* Fuaim a chruthaítear le linn urlabhra. Féach freisin: foghar.

fuaimniú inghlactha *received pronunciation* Béarla caighdeánach na Breataine.

Gaeilge *Irish* Teanga Cheilteach a labhraítear in Éirinn.

Gaeilge Uladh *Ulster Irish* Cineálacha Gaeilge a labhraítear i gCúige Uladh.

Gaeilge Chonnacht *Connaught Irish* Cineálacha Gaeilge a labhraítear i gCúige Chonnacht.

Gaeilge na Mumhan *Munster Irish* Cineálacha Gaeilge a labhraítear i gCúige Mumhan.

gearr go fóinéimeach *phonemically short* Fuaim atá gearr de réir chóras fóinéimeach teanga.

glórach *voiced* Cur síos ar an bhfuaim a chruthaítear nuair a bhíonn téada an ghutha ag creathadh lena linn.

glór *voicing* Fuaim an chreathaidh a tharlaíonn ag téada an ghutha nuair a bhrúitear aer amach tríothu agus iad teannta le chéile.

glotach *glottal* Cur síos ar an bhfuaim a chruthaítear ag an nglotas.

glotas *glottis* An bhearna idir téada an ghutha.

gotha teanga *tongue gesture* Gluaiseacht struchtúrtha teanga chun urlabhraíocht faoi leith a bhaint amach.

graiféim *grapheme* Litir nó sraith litreacha ortagrafacha.

gutach *vocalic* Cur síos ar fhuaim urlabhra a bhfuil tréithe an ghuta le sonrú inti.

iar-ailbheolach *postalveolar* Cur síos ar chonsan a chruthaítear sa chuid sin den bhéal idir an t-iomaire ailbheolach agus an carball.

iomaire ailbheolach *alveolar ridge* An t-iomaire taobh thiar de na fiacla uachtaracha, agus chun tosaigh sa bhéal ón gcarball.

lár *central* Cur síos ar ghuta a chruthaítear nuair atá pointe is airde na teanga i lár an bhéil.

lann na teanga *the tongue blade* An chuid sin de dhromchla na teanga idir an rinn agus tosach na teanga. Déanann lann na teanga teagmháil le cúl an iomaire ailbheolaigh le linn urlabhraíocht consan ailbheol-charballach.

laraing *larynx* An t-orgán sa scornach as a dtagann an glór agus a nascann an traicé leis an bhfaraing.

láraithe *centralised* Cur síos ar ghuta a bhfuil pointe is airde na teanga níos lárnaí sa bhéal ná mar a bhíonn de ghnáth.

leathdhúnta *half-close* Cur síos ar ghuta a chruthaítear nuair atá pointe is airde na teanga réasúnta ard sa bhéal.

leathghuta *semivowel* Téarma eile ar chonsan neasach. Tugtar *leathghutaí* orthu mar go mbíonn siad réasúnta cosúil le gutaí go fuaimiúil i ngeall ar go mbíonn bearna idir na baill urlabhraíochta le linn fuaimniú leathghuta.

leathoscailte *half-open* Cur síos ar ghuta a chruthaítear nuair atá pointe is airde na teanga réasúnta íseal sa bhéal.

liopach *labial* Cur síos ar chonsan a chruthaítear leis na liopaí.

liopach-coguasach *labial-velar* Urlabhraíocht chonsanta dhúbailte. Urlabhraíocht phríomhúil ag na liopaí agus ag an gcoguas.

liopadhéadach *labiodental* Cur síos ar chonsan a chruthaítear tríd an liopa íochtarach agus na fiacla uachtaracha a thabhairt le chéile.

liopú *labialisation* Cruinniú na liopaí le linn urlabhraíocht consain. Cineál urlabhraíochta tánaistí.

moirféim *morpheme* An t-aonad gramadaí bríoch is lú.

moirfeolaíocht *morphology* Réimse teangeolaíochta a chuimsíonn staidéar ar struchtúr focal.

neamhghlórach *voiceless* Cur síos ar an bhfuaim a chruthaítear nuair a bhíonn téada an ghutha scaoilte lena linn.

neasach *approximant* Cur síos ar urlabhraíocht chonsanta ina mbíonn bearna idir na baill urlabhraíochta. Uaireanta tugtar *leathghuta* ar an gcineál seo consain.

neasach taobhach *lateral approximant* Cur síos ar urlabhraíocht chonsanta ina gcruthaítear bac iomlán sa bhéal mar a bhfuil na baill urlabhraíochta tagtha le chéile, ach de bharr taobh amháin nó dhá thaobh na teanga a bheith scaoilte, sruthlaíonn aer amach as an mbéal gan fiú suaiteacht a bheith i gceist.

neaschúil *near-back* Cur síos ar ghuta atá gar do ghuta cúil ó thaobh aistarraingt na teanga de.

neasdúnta *near-close* Cur síos ar ghuta atá gar do ghuta dúnta ó thaobh airde na teanga de.

neasoscailte *near-open* Cur síos ar ghuta atá gar do ghuta oscailte ó thaobh ísle na teanga de.

neastosaigh *near-front* Cur síos ar ghuta atá gar do ghuta tosaigh ó thaobh tulsá na teanga de.

orgáin an ghutha *the vocal organs* Cuimsíonn orgáin an ghutha na scamhóga, an traicé, an laraing, an fharaing, conair an bhéil, agus conair na sróine.

oscailte *open* Cur síos ar ghuta a chruthaítear nuair atá pointe is airde na teanga íseal sa bhéal.

péire íosdifríochta *minimal pair* Péire focal, atá difriúil ó thaobh brí de, ach nach bhfuil de dhifríocht eatarthu ach fóinéim amháin.

pléascach *plosive (stop)* Cur síos ar urlabhraíocht chonsanta ina mbíonn gotha (múnlú teanga) sa bhéal ina gcruthaítear bac iomlán sa bhéal mar a dtagann na baill urlabhraíochta le chéile. Cuireann an chonstaic seo bac ar an aer sa chaoi is go gcruinníonn breis fórsa taobh thiar den bhac. Pléascann an t-aer neartaithe seo amach tríd an mbéal nuair a bhaintear an bac.

pléascach srónach *nasal plosive* Cur síos ar urlabhraíocht chonsanta ina gcruthaítear bac iomlán sa bhéal mar a bhfuil na baill urlabhraíochta tagtha le chéile, ach de bharr an coguas a bheith íslithe, sruthlaíonn aer amach trí phasáiste na sróine.

ráiteán *utterance* Píosa cainte.

raon teanga *tongue range* Réimse spáis sa bhéal ina mbogann pointe is airde na teanga.

rinn na teanga *the tongue tip* An chuid is faide chun tosaigh de dhromchla na teanga agus chun tosaigh ó lann na teanga. Déanann rinn na teanga teagmháil le cúl na bhfiacla le linn urlabhraíocht consan déadach nó leis an iomaire ailbheolach le linn urlabhraíocht consan ailbheolach i dteangacha áirithe.

rótach *rhotic* Cur síos ar fhuaim 'r'.

scartha *unrounded (lips)* Cur síos foghraíochta ar chruth ar leith ar na liopaí le linn fuaimniú gutaí áirithe.

siombail foghraíochta *phonetic symbol* Siombail ón Aibítir Idirnáisiúnta Foghraíochta a sheasann do ghotha ar leith urlabhra.

siosach *sibilant* Cur síos is ea an téarma seo ar chineálacha urlabhraíochta a mbíonn siosarnach i gceist leo, i.e. cuimiltigh agus achuimiltigh.

sleamhnóg *glide vowel* Guta a shleamhnaíonn ó ghotha amháin urlabhra go gotha eile urlabhra.

sondach *sonorant* Fuaim urlabhra leanúnach. Cuimsíonn sondaigh srónaigh, tríligh, cnagaigh, taobhaigh, neasaigh, agus gutaí.

srónach *nasal (plosive)* Cur síos ar urlabhraíocht chonsanta ina gcruthaítear bac iomlán sa bhéal mar a bhfuil na baill urlabhraíochta tagtha le chéile, ach de bharr an coguas a bheith íslithe, sruthlaíonn aer amach trí phasáiste na sróine.

stádas fóinéimeach *phonemic status* Deirtear go bhfuil stádas fóinéimeach ag tacar fuaimeanna más féidir é sin a léiriú le péire íosdifríochta.

taobhach *lateral (approximant)* Cur síos ar urlabhraíocht chonsanta ina gcruthaítear bac iomlán sa bhéal mar a bhfuil na baill urlabhraíochta tagtha le chéile, ach de bharr taobh amháin nó dhá thaobh na teanga a bheith scaoilte, sruthlaíonn aer amach as an mbéal gan fiú suaiteacht a bheith i gceist. *Neasach taobhach* an lipéad iomlán don chineál seo consain.

téada an ghutha *the vocal folds (the vocal chords)* Dhá mhatán atá lonnaithe sa laraing sa scornach. Gintear glórú ag téada an ghutha. Creathadh na matán seo is ea an glórú a chruthaítear nuair a bhrúitear aer trí na matáin agus iad teannta le chéile.

teascán *segment* Bunaonad foghraíochta.

tosach na teanga *the tongue front* An chuid sin de dhromchla na teanga atá idir lann na teanga agus cúl na teanga. Déanann tosach na teanga teagmháil leis an gcarball le linn urlabhraíocht consan carballach.

tosaigh *front* Tugtar guta tosaigh ar ghuta ina bhfuil pointe is airde na teanga chun tosaigh sa bhéal.

traicé *trachea* An píobán a nascann na scamhóga leis an bhfaraing.

tras-scríbhinn *transcription* Giota urlabhra tras-scríofa.

tras-scríobh foghraíochta *phonetic transcription* Léiriú físeach fuaimeanna urlabhra (foghair), ar scáileán nó ar pháipéar, nó a leithéid, ag úsáid na hAibítre Idirnáisiúnta Foghraíochta.

tras-scríobh fóinéimeach *phonemic transcription* Léiriú físeach fóinéimí teanga, ag úsáid tacar siombailí oiriúnacha.

tras-scríobh leathan *broad transcription* Tras-scríobh nach gcuimsíonn gach mionsonra foghraíochta.

tras-scríobh ortagrafach *orthographic transcription* Tras-scríobh teanga de réir ghnáthchóras scríbhneoireachta na teanga, agus ag leanúint ghnáthrialacha litrithe na teanga.

trasdul *transition* Na comhathruithe a tharlaíonn le linn slabhra urlabhra idir fuaimeanna comhleantacha.

tríleach *trill* Sraith cnag den teanga in aghaidh an iomaire ailbheolaigh.

tulsá na teanga *tongue advancement* Cur síos ar shuíomh na teanga i dtéarmaí cé chomh tulsáite nó aistarraingthe is atá pointe is airde na teanga.

tulsáite *advanced* Cur síos ar chonsan nó ar ghuta a bhfuil a áit urlabhraíochta príomhúla níos faide chun tosaigh sa bhéal ná mar a bhíonn de ghnáth.

túschonsan *initial consonant* Consan ag tús focail.

úbhal *uvula* An géagán feolmhar sin a chrochann ó bharr an bhéil taobh thiar den choguas.

úbhalach *uvular* Cur síos ar chonsan a chruthaítear trí chúl na teanga a chur leis an úbhal.

urlabhraíocht *articulation* Constaic a chruthaítear i gconair an ghutha de bharr teagmhála idir ball urlabhraíochta gníomhach agus ball urlabhraíochta éighníomhach. Fuaimnítear consan má shruthlaíonn aer thar an gconstaic.

urlabhraíocht phríomhúil *primary articulation* Áit urlabhraíochta príomhúla consain.

urlabhraíocht thánaisteach *secondary articulation* Áit urlabhraíochta tánaistí consain, más ann di.

urlabhra *speech* Cumarsáid ghutha dhaonna.